小説を読むための、そして小説を書くための小説集

桒原丈和
Kuwabara Takekazu

ひつじ書房

小説を読むための、そして小説を書くための小説集　**目次**

はじめに

みなさんは小説を読むのが好きですか。小説を書きたいと思ったことがありますか。小説を読むのは好きだけれども小説について語ろうとするとうまくいかない。小説を書きたいと思っているけれども実際に書こうとするとうまくいかない、この本はそういう人に向けて書かれています。

この本では五つの小説を題材にしています。小説を読むとはどういうことか、小説を書くとはどういうことか、それらの小説を読み、書きかえることで学んでもらいたいと思っています。この本を読み終わった後、小説についての語り方や小説の書き方の基本が身についている、それが目指すところです。たとえ、特別な才能やセンスなどがなくても、ある程度は語れて、書ける、というところを目指してもらいたいのです。

では、まず小説を読むことと書くことについて、それぞれ二つの考え方を紹介するところから始めようと思います。みなさん自身は、読むことと書くことについてどんな風に考えているでしょうか。今までわざわざ考えたことがないという人も多いかもしれません。特に読む、というのはいつも当たり前にしていることで、自分が読む時に何をしているかを意識することはあまりないでしょう。読む？　いや、文章を読んでいるんでしょう？　それ以外に何があるの？　としか思えないかもしれません。でも、ここでは小説を読む時に私たちが何をしているのか、また書く時にはどのようなことをしているのか、考えてみたいのです。

読むことをめぐる二つの立場

まず読むということから考えてみましょう。たぶん、小説を書いたことがない、という人よりも、小説を読んだことがないという人の方が少ないはずです。なので、書くことよりもずっと身近な、読む、ということについてから考えた方が入りやすいでしょう。

さて、みなさんは、読むということはどういうことだと考えていますか。繰り返しになりますが、やはり特に意識して考えてみたことはない、という人が多いかもしれません。それでも、あらためて問われれば、こういうことではないか、という考えはあるのではないでしょうか。みなさん、一人一人の読むことについての考えは様々でしょうが、おそらくいずれもこれから紹介する二つの極端な立場の中間におさまるのではないかと思います。

極端な立場の一つ目は、全ての文章にはただ一つの正しい読み方がある、というものです。一つ一つの言葉が表す意味を限定していけば、客観的にただ一つの解釈を導き出せるというのが、この立場の考え方です。［図1］

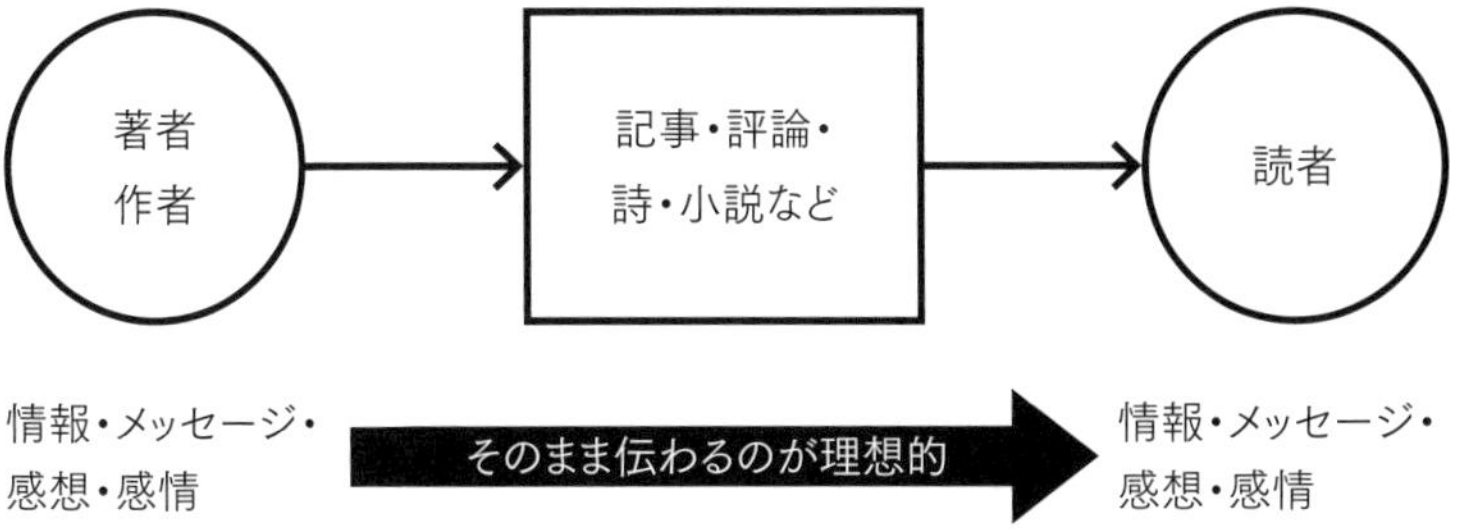

図1　書かれていることを正しく読み取る

これについては、学校の試験や入試の国語の問題のことを思い浮かべてもらえばわかりやすいのではないでしょうか。この立場に立たなければ、試験問題の正解というのは成り立ちません。また、文章を読んでそれについて小論文・レポートを書く、という場合も同様です。

別の言い方をすると、書いた人間の意図・主張・思想を理解する、それが読むことだということになります。もちろん、そういうことは全く考えずに娯楽・楽しみとして読む、ということもあるでしょうが、たとえば友達に小説の面白さ・魅力を伝えようとするなら、何がどのように書かれているか、というそれを書いた作者の意図・狙いにふれざるをえないでしょう。

多くの場面で前提となっているこの読むことについての考え方は、実は様々ある考え方のうちの一つにすぎません。別に書いた人間の意図や主張・思想に対して誠実であったり律儀である必要はないのです。

これは、もう一つの極端な立場と比較するとわかりやすいでしょう。それは、読むということは自由であり様々な人の様々

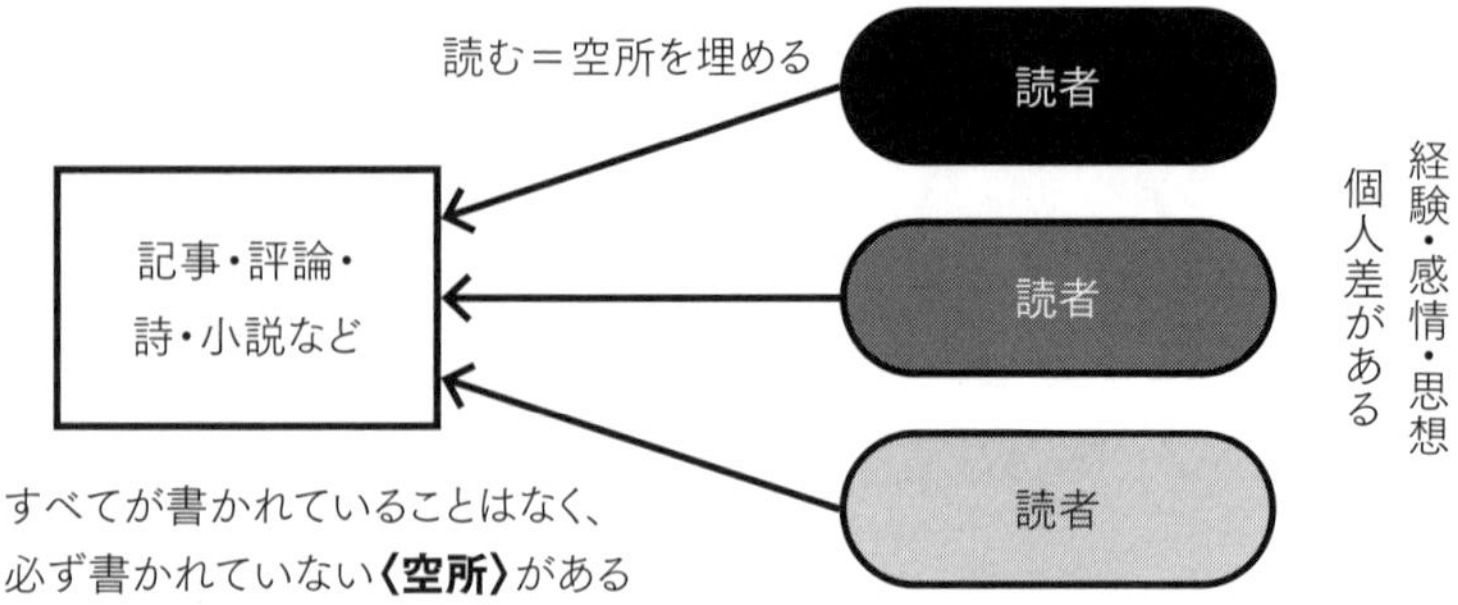

図2　自分自身の経験・感情・思想に従って、**〈空所〉**を埋めていく

な読みはすべて正しい、というものです。一つ一つの言葉の意味はある程度限定できるとしても、文章で使われている全ての言葉からただ一つの解釈に絞ることはできない、というのがこちらの立場の考え方です。また、後で詳しく述べるように、言葉を使って伝えられていることだけではなく、直接書かれてはいないことについては読者の想像・創造に委ねられている、と見なすのがこちらの考え方の特徴になります。［図2］

文章（テクスト）に能動的・積極的に意味を与えていく、そしてそれが書いた人間の意図かどうかは問題にしない。この立場では、国語の問題の正解というものを決めることはできず、採点することが不可能になってしまいます。

ただ、国語の試験の問題は一つ目の立場・考え方を前提としているでしょうが、実際の国語の授業は二つ目の立場・考え方を意識したものになっているかと思います。国語の先生によって、全体の方向づけはなされてはいるでしょうが、できるだけ生徒のいろいろな解釈を引き出すよう

な授業が行なわれているのではないでしょうか。これは国語教育の歴史の中で様々な考察・反省が重ねられてくる中で、一つ目の立場の有効性が疑われて、二つ目の立場との間でバランスを取る動きがあったからです。それでも、前に述べたように、完全に二つ目の立場に立ってしまうと、成績を評価したり、入試の合格者を決めることができなくなるので、二つの立場を時により使い分けている訳です。

さて、みなさんはどのような立場を取りますか。

ちなみに、最近の日本における近代日本文学研究の傾向としては、「読む」ということの自由さを認めつつも、時代・地域・階層などによって、一定の方向付けが与えられており、たとえ読者自身は「自由」だと思っていても、実際はそうではないのだ、という考え方が強くなっています。一定の方向づけを与える力については「解釈共同体」（スタンリー・フィッシュ）や「文学場」（ピエール・ブルデュー）という用語で説明されることが多いのですが、文学や文化についての権威に影響されて、知らず知らずのうちに読者の読みが拘束されてしまっている、という風に考えてもらえばいいと思います。

さて、本書では二つ目の立場に近い考え方で、個々の小説を捉えていくことにします。なぜなら、その方が読むことを出発点として書くことへ結びつけていくことが容易だからです。では、「読む」と「書く」とはどのように関係しているのでしょうか。

書くことは読むことからはじまる

小説家の後藤明生は彼の小説論の中で繰り返し、「なぜ小説を書きたいのだろうか。それは小説を読んだからだ」と述べています。今の引用は、『小説――いかに読み、いかに書くか』という本の「プロローグ――小説を書くことは読むことからはじまる」からのものですが、このサブタイトルの通りの発想は彼の小説論を貫いています（この本は講談社現代新書から一九八三年に発行されたものですが、現在は電子書籍としてAmazon Kindleで読むことができます）。

ここで後藤明生の言っていることをもう少し考えてみましょう。

まず、今の言葉はみなさんにとって受けいれやすいものでしょうか。確かにそうかもしれないけれども、だから何なんだろう、とか、いや、書きたいことがあるから書くので小説を読んだことは関係ない、と思った人もいたかもしれません。そう思ったのは、みなさんの中に小説を書くこと、更に広げると創作するということについて、ある固定観念があるからかもしれません。

その固定観念とは、小説を書くことを含む創作とは、自分の中から生み出すもの、何もない無の状態から作品を作り出すものだ、というものです。いや、固定観念じゃなくてそれは事実じゃないの、と更に違和感を感じさせてしまったかもしれません。作者がいて、その人の体験したことに基づいて、またはその人の感じたこと、考えたことに基づいて作品が形づくられる、

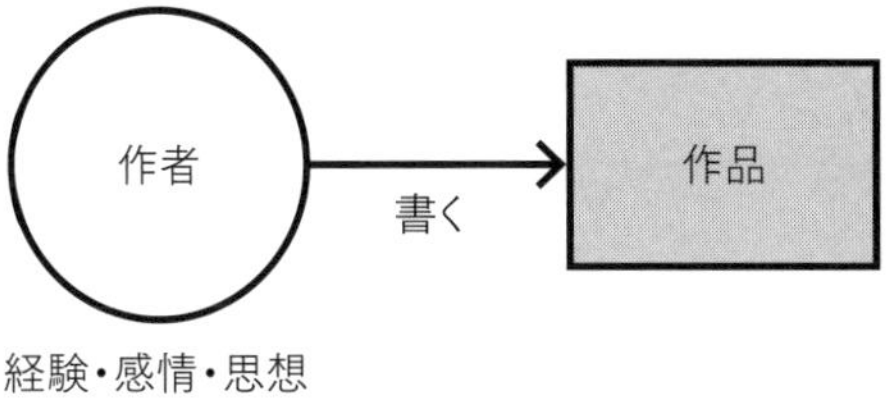

図3　何もないところから作り出す

創作というのはそれに尽きるのではないか、と思っている人が多いかもしれません。［図3］

でも、実は創作については、もう一つ別の考え方があって、後藤明生の言葉はそちらに基づいているのです。図3に一つ要素を付け足すだけで、全く違うもう一つの創作についての考え方を表す図になるのですが、その要素とは何でしょうか。

大学で私が担当している実習では、ここまで説明して学生に質問すると、何人かが答えを必ず出してくれます。みなさんはどうでしょうか。

はい、そうです、今の場合は、「作品」とか「過去の作品」と答えてもらいたいところです。小説を例に取ると、過去の既に書かれてある小説を作者が読んで、それを書き換えることで新しい小説を生み出すというのが、もう一つの創作についての考え方です。もう一つの、と言っても、この考え方は一つ目の考え方の作者が体験したこと、感じたこと、考えたことに基づいて作品が形づくられるという考え方を全否定するものではありません。その考え方に不十分なところを付け足した上で、無から何かを生み出すと考えるのでは

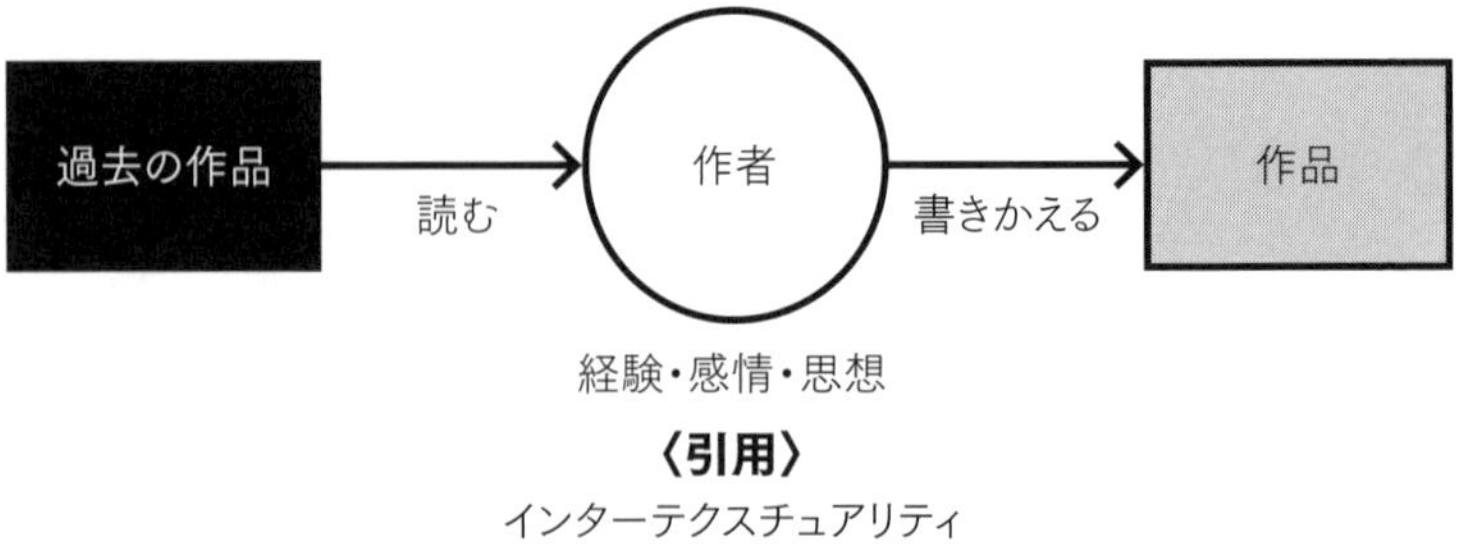

図4　すでにあるものを作りかえる

なく、既にあるものを読むことを通して別のものに作り直す、それが創作なのではないか、と提唱しているわけです。［図4］

ちなみに、過去の小説には、自分自身が昔書いた小説も含まれます。自分が昔書いた小説を自分で書き換える、というのはおかしなことに思うかもしれませんが、時間が経てば人間の考え方・ものの見方が変わるのは当然です。過去の自分の考え・表現を自分で批評・批判する、それが新しい小説を生み出すこともあるわけです。

独創性《オリジナリティ》の見直し

今述べた批評・批判するというスタンスがとても重要になってくるのですが、具体的にはこの後の本論で述べていくことにします。ここでは二つ目の考え方で創作について考えることで、小説について今までとは違った読み方・考え方が可能になるということにふれておきましょう。

一つ目は、独創性とかオリジナリティとか言われるものの重要性をかなり割り引いて考えられるようになる、ということです。みなさんも小説を読んでいて、どうしてこんな波瀾万丈のストーリーを思いつくのだろう、どうしてこんな奇想天外な設定を考えられるのだろう、と感嘆することがあるかと思いますが、実はそういうストーリー・設定もきちんと調べてみると、過去の小説に同じようなものがあったりするのです。それはただ一つの小説とは限りません。複数の小説や、また小説以外の様々なジャンルの作品を取り入れて新たな小説が生み出されたりしています。徹底的に調べていくと、その小説の新しいところ、独創的なところはどこにあるのかわからなくなったりします。これは、ある小説に限ってそうなのではなく、あらゆる小説（を含めた全ての表現ジャンル）に言えることです。これによって、創作ということを特別な才能を持った、独創的な発想ができる人たちの独占物として考える必要は無くなります。

ここまでの説明を読んで、古典文学に詳しい人であれば、和歌の本歌取りを思い出したかもしれません。詩歌、物語、小説、戯曲、などといったジャンルを超えているので、総称するためにテクストという用語を使いますが、このような過去のテクストと新たに書かれたテクストとの関係性を文学用語ではインターテクスチュアリティ（あまり用いられませんが一応「間テクスト性」という訳語があります）と呼び、またa（新しいテクスト）はb（過去のテクスト）を引用している、という言い方をします。

普通、引用というのは、評論や論文などで自分と同じ意見や優れた意見を紹介する時や、逆に自分と違う意見や間違っていると思われる意見の誤りを指摘する時にするもので、詩歌や小説や戯曲などでは関係のないことのように思っている人もいるかもしれませんが、ここで用いている「引用」というのはそれとは意味が違っています。ここでの意味は、例えばパロディという言葉にも近いもので、ストーリーや基本的な世界の設定や登場人物のキャラクターといったアイディアを借りて新たなテクストの土台とする、ということです。

オリジナリティを重視する考え方では、自分で全て考えた創作と他人の作品のアイディアに乗っかったいわゆる二次創作は区別されます。だからわざわざ「二次」創作と呼んで違いを強調する訳ですが、創作すなわち「引用」することという立場から見ると、一次も二次も違いはありません。フランスの批評家のロラン・バルトは彼の代表的なエッセイの一つ「作者の死」(一九六八年)でテクストとは「引用の織物」であると述べていますが、全てのテクストはインターテクスチュアリティの関係から成り立っており、新たなテクストも更に別のテクストへと引用されていきます。

共有財産である言葉

世の中には、「自分の言葉で書く」という言い回しがあって、これがいろいろなところで流通しています。自分で文章を書く際に、人の書いたものを読むと影響されるから読まない、という人がいますが、それはこの考え方に則っています。つまり、言葉には、他人の言葉と自分の言葉があって、他人の言葉を使って書くのは良くないということなのでしょう。しかし、実際は言葉には自分の言葉も他人の言葉もなく、全て既に書かれてある言葉として存在しているものを運用しているだけで、自分だけの言葉というものはありません（あらためて考えてみると、おそらく「自分の言葉で書く」というのは、他人がどこかで使っていた言葉を無責任に使ってはならないということで、そう考えると必要なのは、自分の使った言葉に責任を持つ、ということなのでしょう）。

言葉を含めた表現、すなわちテクストは独占したり私有することはできない。これが創作についての二つ目の考え方がもたらすもう一つの価値転換です。

言葉というのは、人間の長い歴史の中で様々な人々によって使われて現在にいたっています。誰かが考えたものと一応言うことはできますが、その誰かを名指すことはもうできません。あらゆる言葉は他人の言葉（自分以外の誰かが作った言葉）であり（固有名詞（人名・商品名）などは例外ですが）、一方であらゆる言葉は自分の言葉（誰かが所有権を持っているわけではなく、誰もが使うことができる言葉）なのです。

もちろん、私たちの社会には著作権というものがあって、作品（著作物）を生み出した人の権利が守られています。著作者に無断で販売したり、複製（コピー）することなどは認められていませんし（著作財産権）、作品を改変することも認められていません（著作者人格権）。私たちが現代社会で生きる以上、この権利は守られなければなりません。ただ、著作権を守った上で、既にあるテクストを新たなテクストのために最大限活用することはできるはずです。その時様々なテクストは、誰もが使える人類の共有財産という側面を見せてくれます（主語が大きいのはお許しください）。

共有財産という見方は実は著作権の思想にも織りこまれていて、著作財産権が有効な期間というのは制限されており、その期間が過ぎると著作物は自由に利用してもいい公共物（パブリック・ドメイン）となることが認められています。様々なテクストを活用することが文学や文化を広げていくために必要なことであると考えられているわけです。その活用のための取り組みとしては、たとえば日本では青空文庫という著作権の保護期間が過ぎた作品を電子化して公開するサイトがありますし、海外でもProject Gutenberg（プロジェクト・グーテンベルク）というより大規模なパブリック・ドメインを電子化しているサイトがあります。

そして、本書では新しい小説を書く糸口として過去の小説のアイディアを読み取って利用することを提唱していきますが、これもまた共有財産としてのテクストを活用する試みの一つです。これから取り上げる五つの小説は全て著作財産権の保護期間を過ぎて、パブリック・ドメインになったものです。なので、先程紹介した青空文庫で電子化されて公開されています。青空文庫の試みに敬意を表して、本書ではその電子テキストを本文に用いています。他にも多くの著作権保護期間が過ぎた作品が公開されているので、見てみてください。

なお、これから読んでもらう小説はどれも五十年以上前のものなので、今では使わない言葉や、差別と関係するという理由で今の小説では避けられている言葉が使われています。先程出てきた著作者人格権を尊重するために、小説本文をそのまま改変せずに使用しているからですが、知らない言葉や読みなれない言葉が出てきたら、小説を一度読み終えた後でいいので、それらの言葉の意味を調べて見てください。より多くの言葉を自分の中に入れることも小説をより良く読む・書くための糸口の一つなのです。

前置きはここまでとして、それでは、最初の小説を読んでみてください。各章同じ構成ですが、小説を読んでもらった後でポイントを解説して、更に実習という流れになります。では、また後でお目にかかります。

※青空文庫　http://www.aozora.gr.jp/
※ Project Gutenberg　https://www.gutenberg.org/

参考文献（本文での参照順）

スタンリー・フィッシュ『この教室にテクストはありますか』みすず書房、一九九五年
ピエール・ブルデュー『芸術の規則1』石坂洋二郎訳、藤原書店、一九九五年
後藤明生『小説——いかに読み、いかに書くか』講談社現代新書、一九八三年（Amazon Kindle版が公開中）
ロラン・バルト『物語の構造分析』花輪光訳（「作者の死」を収録）みすず書房、一九七九年
福井健策『18歳のための著作権入門』ちくまプリマー新書、二〇一五年

第一章　語り手による情報のコントロールについて

テクスト

二銭銅貨

江戸川乱歩

『新青年』一九二三（大正十二）年四月

上

「あの泥坊が羨《うらやま》しい」二人の間にこんな言葉が交《かわ》される程、其頃《そのころ》は窮迫《きゅうはく》していた。場末《ばすえ》の貧弱な下駄屋の二階の、ただ一間しかない六畳に、一閑張りの破れ机を二つ並べて、松村武とこの私とが、変な空想ばかり逞《たくま》しゅうして、ゴロゴロしていた頃のお話である。

もう何もかも行詰って了《しま》って、動きの取れなかった二人は、丁度その頃世間を騒がせた大泥坊の、巧みなやり口を羨む様な、さもしい心持《こころもち》になっていた。

その泥坊事件というのが、このお話の本筋に大関係を持っているので、茲《ここ》にザッとそれをお話して置くことにする。

芝区のさる大きな電気工場の職工給料日当日の出来事であった。十数名の賃銀計算係が、一万に近い職工のタイム・カードから、夫々《それぞれ》一ヶ月の賃銀を計算して、山と積まれた給料袋の中へ、当日銀行から引出された、一番の支那鞄に一杯もあろうという、二十円、十円、五円などの紙幣《さつ》を汗だくになって詰込んでいる最中に、事務所の玄関へ一人の紳士が訪れた。

受付の女が来意を尋ねると、私は朝日新聞の記者であるが、支配人に一寸《ちょっと》お眼にかかり度《た》いという。そこで女が、東京朝日新聞社会部記者と肩書のある名刺を持って、支配人にこの事を通じた。

幸《さいわい》なことには、この支配人は、新聞記者操縦法がうまいことを、一つの自慢にしている男であった。のみならず、新聞記者を相手に、法螺《ほら》を吹いたり、自分の話が何々氏談などとして、新聞に載せられたりすることは、大人気ないとは思いながら、誰しも悪い気持はしないものである。社会部記者と称する男は、寧《むし》ろ快《こころよ》く支配人の部屋へ請《しょう》じられた。

大きな鼈甲縁《べっこうぶち》の眼鏡をかけ、美しい口髭《くちひげ》をはやし、気の利いた黒のモーニングに、流行の折鞄《おりかばん》という扮装《いでたち》のその男は、如何《いか》にも物慣れた調子で、支配人の前の椅子に腰を下した。そしてシガレット・ケースから、高価な埃及《エジプト》の紙巻煙草を取出して、卓上の灰皿に添えられた燐寸《マッチ》を手際よく擦《す》ると、青味がかった煙を、支配人の鼻先へフッと吹出した。

「貴下の職工待遇問題に関する御意見を」

とか、何とか、新聞記者特有の、相手を呑んでかかった様な、それでいて、どこか無邪気な、人懐っこい調子で、その男はこう切出した。

そこで支配人は、労働問題について、多分は労資協調、温情主義という様なことを、大いに論じた訳であるが、それはこの話に関係がないから略するとして、約三十分ばかり支配人の室《しつ》に居った所の、その新聞記者が、支配人が一席弁じ終ったところで「一寸失敬」といって便所に立った間に、姿を消して了ったのである。

支配人は、無作法な奴だ位で、別に気にもとめないで、丁度昼食の時間だったので、食堂へと出掛けて行ったが、暫《しばら》くすると近所の洋食屋から取ったビフテキか何かを頬張っていた所の支配人の前へ、会計主任の男が、顔色を変えて、飛んで来て、報告することには、

「賃銀支払の金がなくなりました。とられました」

と云うのだ。

驚いた支配人が、食事などはその儘《まま》にして、金のなくなったと云《い》う現場へ来て調べて見ると、この突然の盗難の仔細《しさい》は、大体次の様に想像することが出来たのである。

丁度其《その》当時、その工場の事務室が改築中であったので、いつもなれば、厳重に戸締りの出来る特別の部屋で行われる筈《はず》の賃銀計算の仕事が、其日は、仮に支配人室の隣の応接間で行われたのであるが、昼

食の休憩時間に、どうした物の間違いか、其応接間が空《から》になって了ったのである。事務員達は、お互に誰か残って呉《く》れるだろうという様な考えで、一人残らず食堂へ行って了って、後には支那鞄に充満した札束が、ドアには鍵もかからないその部屋に、約半時間程も、抛《ほう》り出されてあったのだ。その隙《すき》に、何者かが忍入《しのびい》って、大金を持去ったものに相違ない。それも、既に給料袋に入れられた分や、細《こま》かい紙幣には手もつけないで、支那鞄の中の二十円札と十円札の束丈《だ》けを持去ったのである。損害高は約五万円であった。

色々調べて見たが、結局、どうも先程の新聞記者が怪しいということになった。新聞社へ電話をかけて見ると、案の定、そういう男は本社員の中にはないという返事だ。そこで、警察へ電話をかけるやら、賃銀支払を延す訳には行かぬので、銀行へ改めて二十円札と十円札の準備を頼むやら、大変な騒ぎになったのである。

彼《か》の新聞記者と自称して、お人よしの支配人に無駄な議論をさせた男は、実に、当時新聞が、紳士盗賊という尊称を以《もっ》て書き立てた所の大泥坊であったのだ。

さて、管轄警察署の司法主任其他が臨検して調べて見ると、手懸りというものが一つもない。新聞社の名刺まで用意して来る程の賊だから、なかなか一筋縄で行く奴ではない。遺留品などあろう筈もない。ただ一つ分っていた事は、支配人の記憶に残っているその男の容貌風采《ふうさい》であるが、それが甚《はなは》だ便《たよ》りないのである。というのは、服装などは無論取替えることが出来るし、支配人がこれこそ手懸りだと申出た所の、鼈甲縁の眼鏡にしろ、口髭にしろ、考えて見れば、変装には最もよく使われる手段なのだから、これも当てにはならぬ。

そこで、仕方がないので、盲目探しに、近所の車夫だとか、煙草屋のお上《かみ》さんだとか、露天商人などいう連中に、かくかくの風采の男を見かけなかったか、若《も》し見かけたらどの方角へ行ったかと、一々尋ね廻る。無論市内の各巡査派出所へも、この人相書きが廻《まわ》る。つまり非常線が張られた訳であるが、何の手ごたえもない。一日、二日、三日、あらゆる手段が尽された。各停車場には見張りがつけられた。各府県の警察署へ依頼の電報が発せられた。

斯様《かよう》にして、一週間は過ぎたけれども賊は挙がらない。もう絶望かと思われた。彼の泥坊が、何か他の罪をでも犯して挙げられるのを待つより外《ほか》はないかと思われた。工場の事務所からは、其筋の怠慢《たいまん》を責める様に、毎日毎日警察署へ電話がかかった。署長は自分の罪ででもある様に頭を悩《なや》ました。

そうした絶望状態の中に、一人の、同じ署に属する刑事が、市内の煙草屋の店を、一軒ずつ、丹念に歩き廻っていた。

市内には、舶来の煙草を一通り備付けていようという煙草屋が、各区に、多いのは数十軒、少い所でも十軒内外はあった。刑事は殆《ほとん》どそれを廻り尽して、今は、山の手の牛込《うしごめ》と四谷《よつや》の区内が残っているばかりであった。

今日はこの両区を廻って、それで目的を果さなかったら、もう愈々《いよいよ》絶望だと思った刑事は、富籤《とみくじ》の当り番号を読む時の様な、楽しみとも恐れともつかぬ感情を以て、テクテク歩いていた。時々交番の前で立止っては、巡査に煙草店の所在を聞訊《ききただ》しながら、テクテクと歩いていた。刑事の頭の中は FIGARO. FIGARO. FIGARO. と埃及煙草の名前で一杯になっていた。

ところが、牛込の神楽坂《かぐらざか》に一軒ある煙草店を尋ねる積りで、飯田橋《いいだばし》の電車停留所から神楽坂下へ向って、あの大通りを歩いている時であった。刑事は、一軒の旅館の前で、フト立止ったのである。というのは、その旅館の前の、下水の蓋を兼ねた、御影石《みかげいし》の敷石の上に、余程注意深い人でなければ、眼にとまらない様な、一つの煙草の吸殻が落ちていた。そして、何《な》んと、それが刑事の探し廻っていた所の埃及煙草と同じものであったのである。

さて、この一つの煙草の吸殻から足がついて、さしもの紳士盗賊も遂に獄裡《ごくり》の人《ひと》となったのであるが、その煙草の吸殻から盗賊逮捕までの径路に一寸探偵小説じみた興味があるので、当時のある新聞には、続き物になって、その時の何某《なにがし》刑事の手柄話が載せられた程であるが——この私の記述も、実はその新聞記事に拠《よ》ったものである——私は茲《ここ》には、先を急ぐ為に、極《ご》く簡単に結論丈けしかお話している暇がないことを遺憾《いかん》に思う。

読者も想像されたであろう様に、この感心な刑事は、盗賊が工場の支配人の部屋に残して行った所の、珍らしい煙草の吸殻から探偵の歩を進めたのである。そして、各区の大きな煙草屋を殆んど廻り尽したが、仮令《たとい》おなじ煙草を備えてあっても、埃及の中でも比較的売行きのよくない、FIGAROを最近に売ったという店は極く僅かで、それが悉く《ことごと》、どこの誰それと疑うまでもない様な買手に売られていたのである。

ところが愈々最終という日になって、今もお話した様に、偶然にも、飯田橋附近の一軒の旅館の前で、同じ吸殻を発見して、実は、あてずっぽうに、その旅館に探りを入れて見たのであるが、それがなんと僥倖《ぎょうこう》にも、犯人逮捕の端緒《たんちょ》となったのである。

そこで、色々、苦心の末、例えば、その旅館に投宿して居った、その煙草の持主が、工場の支配人から聞いた人相とはまるで違っていたり、なにかして、大分苦心したのであるが、結局、その男の部屋の火《ひ》鉢《ばち》の底から、犯行に用いたモーニング其他の服装だとか、鼈甲縁の眼鏡だとか、つけ髭だとかを発見して、逃れぬ証拠によって、所謂《いわゆる》紳士泥坊を逮捕することが出来たのである。

で、その泥坊が取調べを受けて白状した所によると、犯行の当日――勿論、その日は職工の給料日と知って訪問したのだが――支配人の留守の間に、隣の計算室に這入《はい》って例の金を取ると、折鞄の中にただそれ丈けを入れて居った所の、レーンコートとハンチングを取出して、その代りに、鞄の中へは、盗んだ紙幣の一部分を入れて、眼鏡をはずし、口髭をとり、レーンコートでモーニング姿を包み、中折の代りにハンチングを冠って、来た時とは別の出口から、何食わぬ顔をして逃げ出したのであった。あの小額の紙幣で五万円という金額を、どうして、誰にも疑われぬ様に、持出すことが出来たかという訊問に対して、紳士泥坊が、ニヤリと得意らしい笑いを浮べて答えたことには、

「私共は、からだ中が袋で出来上っています。その証拠には、押収されたモーニングを調べて御覧なさい。一寸見ると普通のモーニングだが、実は手品使いの服の様に、附けられる丈けの隠し袋が附いているんです。五万円位の金を隠すのは訳はありません。支那人の手品使いは、大きな、水の這入った丼鉢《どんぶりばち》でさえからだの中へ隠すではありませんか」

さて、この泥坊事件がこれ丈けでおしまいなら、別段の興味もないのであるが、茲に一つ普通の泥坊

と違った、妙な点があった。そして、それが私のお話の本筋に、大いに関係がある訳なのである。

というのは、この紳士泥坊は、盗んだ五万円の隠し場所について、一言も白状しなかったのである。警察と、検事廷と、公判廷と、この三つの関所で、手を換え品を換えて責め問われても、彼はただ知らないの一点張りで通した。そして、おしまいには、その僅か一週間ばかりの間に、使い果して了ったのだという様な、出鱈目《でたらめ》をさえ云い出したのである。

其筋としては、探偵の力によって、その金のありかを探し出す外はなかった。そして、随分探したらしいのであるが、一向見つからなかった。そこで、その紳士泥坊は、五万円隠匿の廉《かど》によって、窃盗犯としては可也《かなり》重い懲役に処せられたのである。

困ったのは被害者の工場である。工場としては、犯人よりは五万円が発見して欲しかったのである。勿論《もちろん》、警察の方でもその金の捜索を止《や》めた訳ではないが、どうも手ぬるい様な気がする。そこで、工場の当の責任者たる支配人は、その金を発見したものには、発見額の一割の賞を懸けるということを発表した。つまり五千円の懸賞である。

これからお話しようとする、松村武と私自身とに関する、一寸興味のある物語は、この泥坊事件がこういう風に発展している時に起ったことなのである。

中

この話の冒頭にも一寸述べた様に、その頃、松村武と私とは、場末の下駄屋の二階の六畳に、もうどうにもこうにも動きがとれなくなって、窮乏のどん底にのたうち廻っていたのである。

でも、あらゆるみじめさの中にも、まだしも幸運であったのは、丁度時候が春であったことだ。これは貧乏人丈けにしか分らない一つの秘密であるが、冬の終から夏の初にかけて、貧乏人は、大分儲《もう》けるのである。いや、儲けたと感じるのである。というのは、寒い時丈け必要であった、羽織《はおり》だとか、下着だとか、ひどいのになると、夜具、火鉢《ひばち》の類に至るまで、質屋の蔵へ運ぶことが出来るからである。私共も、そうした気候の恩恵に浴して、明日はどうなることか、月末の間代の支払はどこから捻出するか、という様な先の心配を除いては、先ず一寸いきをついたのである。そして、暫く遠慮して居った銭湯へも行けば、床屋へも行く、飯屋《めしや》ではいつもの味噌汁と香の物の代りに、さしみで一合かなんかを奮発するといった鹽梅《あんばい》であった。

ある日のこと、いい心持に煠《ゆだ》って、銭湯から帰って来た私が、傷だらけの、毀《こわ》れかかった一閑張の机の前に、ドッカと坐った時、一人残っていた松村武が、妙な、一種の興奮した様な顔付を以て、私にこんなことを聞いたのである。

「君、この、僕の机の上に二銭銅貨をのせて置いたのは君だろう。あれは、どこから持って来たのだ」

「アア、俺だよ。さっき煙草を買ったおつりさ」

「どこの煙草屋だ」

「飯屋の隣の、あの婆《ばあ》さんのいる不景気なうちさ」

「フーム、そうか」

と、どういう訳か、松村はひどく考え込んだのであった。そして、尚も執拗にその二銭銅貨について尋ねるのであった。

「君、その時、君が煙草を買った時だ、誰か外にお客はいなかったかい」

「確か、いなかった様だ。そうだ。いる筈がない。その時あの婆さんは居眠りをしていたんだ」

この答を聞いて、松村は何か安心した様子であった。

「だが、あの煙草屋には、あの婆さんの外《ほか》に、どんな連中がいるんだろう。君は知らないかい」

「俺は、あの婆さんとは仲よしなんだ。あの不景気な仏頂面《ぶっちょうづら》が、俺のアブノーマルな嗜好《しこう》に適したという訳でね。だから、俺は相当あの煙草屋については詳しいんだ。あそこには婆さんの外に、婆さんよりはもっと不景気な爺《じい》さんがいる切りだ。併《しか》し君はそんなことを聞いてどうしようというのだ。どうかしたんじゃないかい」

「マアいい。一寸訳があるんだ。ところで君が詳しいというのなら、も少しあの煙草屋のことを話さないか」

「ウン、話してもいい。爺さんと婆さんとの間に一人の娘がある。俺は一度か二度その娘を見かけたが、そう悪くない容色《きりょう》だぜ。それがなんでも、監獄の差入屋《さしいれや》とかへ嫁《かたづ》いているという話だ。その差入屋が相当に暮しているので、その仕送りで、あの不景気な煙草屋も、つぶれないで、どうかこうかやっているのだと、いつか婆さんが話していたっけ。……」

こう、私が煙草屋に関する知識について話し始めた時に、驚いたことには、それを話して呉れと頼んで置きながら、もう聞き度くないと云わぬばかりに、松村武が立上ったのである。そして、広くもない座敷を、隅から隅へ丁度動物園の熊の様に、ノソリノソリと歩き始めたのである。

私共は、二人共、日頃から随分気まぐれな方であった。話の間に突然立上るなどは、そう珍しいことでもなかった。けれども、この場合の松村の態度は、私をして沈黙せしめた程も、変っていたのである。松村はそうして、部屋の中をあっちへ行ったり、こっちへ行ったり、約三十分位歩き廻っていた。私は黙って、一種の興味を以て、それを眺めていた。その光景は、若し傍観者があって、之《これ》を見たら、余程狂気じみたものであったに相違ないのである。

そうこうする内に、私は腹が減って来たのである。丁度夕食時分ではあったし、湯に入った私は余計に腹が減った様が気がしたのである。そこで、まだ狂気じみた歩行を続けている松村に、飯屋に行かぬかと勧めて見た所が、「済まないが、君一人で行って呉れ」という返事だ。仕方なく、私はその通りにした。

さて、満腹した私が、飯屋から帰って来ると、なんと珍らしいことには、松村が按摩《あんま》を呼んで、もませていた。以前は私共のお馴染《なじみ》であった、若い盲唖学校の生徒が、松村の肩につかまって、しきりと何か、持前のお喋りをやっているのであった。

「君、贅沢《ぜいたく》だと思っちゃいけない。これには訳があるんだ。マア、暫く黙って見ていて呉れ。その内に分るから」

松村は、私の機先《きせん》を制《せい》して、非難を予防する様に云った。昨日、質屋の番頭を説《と》きつけて、寧ろ強奪して、やっと手に入れた二十円なにがしの共有財産の寿命が、按摩賃六十銭丈け縮められることは、此《この》際《さい》、確かに贅沢に相違なかったからである。

私は、これらの、ただならぬ松村の態度について、ある、言い知れぬ興味を覚えた。そこで、私は自分の机の前に坐って、古本屋で買って来た講談本か何かを、読耽《よみふけ》っている様子をした。そして、実は松村の挙動をソッと盗み見ていたのである。

按摩が帰って了うと、松村も彼の机の前に坐って、何か紙切れに書いたものを読んでいる様であったが、軈《やが》て彼は懐中から、もう一枚の紙切れを取出して机の上に置いた。それは、極く薄く、二寸四方程の、小さいもので、細い文字が一面に認めてあった。彼は、この二枚の紙片れを、熱心に比較研究している様であった。そして、鉛筆を以て、新聞紙の余白に、何か書いては消し、書いては消ししていた。

そんなことをしている間に、電燈が点いたり、表通りを豆腐屋のラッパが通過《とおりす》ぎたり、縁日《えんにち》にでも行くらしい人通りが、暫く続いたり、それが途絶《とだ》えると、支那蕎麦屋《そばや》の哀れげなチャルメラの音《ね》が聞えたりして、いつの間にか夜が更けたのである。それでも松村は、食事さえ忘れて、この妙な仕事に没頭していた。私は黙って、自分の床を敷いて、ゴロリ横になると、退屈にも、一度読んだ講談を、更らに読み返しでもする外はなかったのである。

「君、東京地図はなかったかしら」

突然、松村がこういって、私の方を振向いた。

「サア、そんなものはないだろう。下のお上さんにでも聞いて見たらどうだ」

「ウン、そうだな」

彼は直ぐに立上って、ギシギシいう梯子《はしご》段を下へ降りて行ったが、軈て、一枚の折目から破れ相になった東京地図を借りて来た。そして、又机の前に坐ると、熱心な研究を続けるのであった。私は益々募る好奇心を以て彼の様子を眺めていた。

下の時計が九時を打った。松村は、長い間の研究が、一段落を告げたと見えて、机の前から立上って私の枕頭《まくらもと》へ坐った。そして少し言いにく相《そう》に、

「君、一寸、十円ばかり出して呉れないか」

と云うのだ。私は、松村のこの不思議な挙動については、読者にはまだ明してない所の、私丈けの深い興味を持っていた。それ故、彼に十円という、当時の私共に取っては、全財産の半分であったところの大金を与えることに、少しも異議を唱えなかった。

松村は、私から十円札を受取ると、古袷《ふるあわせ》一枚に、皺くちゃのハンチングという扮装で、何も云わずに、プイとどこかへ出て行った。

一人取残された私は、松村の其後の行動について、色々想像を廻らした。そして独りほくそ笑んでいる内に、いつか、うとうとと夢路に入った。暫くして松村が帰って来たのを、夢現《ゆめうつつ》に覚えていたが、それ

からは、何も知らずに、グッスリと朝まで寝込んで了ったのである。

随分寝坊の私は、十時頃でもあったろうか、眼を醒して見ると、枕頭に妙なものが立っているのに驚かされた。というのは、そこには、縞《しま》の着物に角帯を締めて、紺の前垂れをつけた一人の商人風の男が、一寸した風呂敷包を背負《しょ》って立っていたのである。

「なにを妙な顔をしているんだ。俺だよ」

驚いたことには、その男が、松村武の声を以て、こういったのである。よくよく見ると、それは如何にも松村に相違ないのだが、服装がまるで変っていたので、私は暫くの間、何が何だか、訳がわからなかったのである。

「どうしたんだ。風呂敷包なんか背負って。それに、そのなりはなんだ。俺はどこの番頭さんかと思った」

「シッ、シッ、大きな声だなあ」松村は両手で抑《おさ》えつける様な恰好をして、囁《ささや》く様な小声で、「大変なお土産を持って来たよ」

というのである。

「君はこんなに早く、どっかへ行って来たのかい」

私も、彼の変な挙動につられて、思わず声を低くして聞いた。すると、松村は、抑えつけても抑えつけても、溢れて来る様な、ニタニタ笑いを顔一杯に漲《みなぎ》らせながら、彼の口を私の耳の側《そば》まで持って来て、前よりは一層低い、あるかなきかの声で、こういったのである。

「この風呂敷包の中には、君、五万円という金が這入っているのだよ」

下

読者も既に想像されたであろう様に、松村武は、問題の紳士泥坊の隠して置いた五万円を、どこからか持って来たのであった。それは、彼の電気工場へ持参すれば、五千円の懸賞金に与《あずか》ることの出来る五万円であった。だが、松村はそうしない積りだと云った。そして、その理由《わけ》を次の様に説明した。

彼に云わせると、その金を馬鹿正直に届け出るのは、愚《おろか》なことであるばかりでなく、同時に、非常に危険なことでもあるというのであった。其筋の専門の刑事達が、約一箇月もかかって探し廻っても、発見されなかったこの金である。仮令このまま我々が頂戴して置いた所で、誰が疑うものか、我々にしたって、五千円よりは五万円の方が有難いではないか。

それよりも恐しいのは、彼奴《きゃつ》、紳士泥坊の復讐である。こいつが恐しい。刑期の延びるのを犠牲にしてまで隠して置いたこの金を、横取りされたと知ったら、彼奴、あの悪事にかけては天才といってもよい所の彼奴が、見逃して置こう筈がない──松村は寧ろ泥坊を畏敬《いけい》している口調であった──このまま黙って居ってさえ危いのに、これを持主に届けて、懸賞金を貰いなどしようものなら、直ぐ松村武の名が新聞に出る。それは、態々《わざわざ》彼奴に敵のありかを教える様なものではないかというのである。

「だが少くとも現在に於《おい》ては、俺は彼奴に打勝ったのだ。エ、君、あの天才泥坊に打勝ったのだ。この際、五万円も無論有難いが、それよりも、俺はこの勝利の快感でたまらないんだ。俺の頭はいい。少くとも貴公よりはいいということを認めて呉れ。俺をこの大発見に導いて呉れたものは、昨日君が俺の机の上にのせて置いた、煙草のつり銭の二銭銅貨なんだ。あの二銭銅貨の一寸した点について、君が気づかないで、俺が気づいたということはだ。そして、たった一枚の二銭銅貨から、五万円という金を、エ、君、二銭の二百五十万倍である所の五万円という金を探し出したのは、これは何だ。少くとも、君の頭よりは、俺の頭の方が優れているということじゃないかね」

二人の多少知識的な青年が、一間の内に生活していれば、其処《そこ》に、頭のよさについての競争が行われるのは、至極《しごく》あたり前のことであった。松村武と私とは、その日頃、暇にまかせて、よく議論を戦わしたものであった。夢中になって喋っている内に、いつの間にか夜が明けて了う様なことも珍しくなかった。そして、松村も私も、互《たがい》に譲らず、「俺の方が頭がいい」ことを主張していたものである。そこで、松村がこの手柄──それは如何にも大きな手柄であった──を以て、我々の頭の優劣を証拠立てようとした訳である。

「分った、分った。威張《いば》るのは抜きにして、どうしてその金を手に入れたか、その筋道を話して見ろ」

「マア急《せ》くな。俺は、そんなことよりも、五万円の使途《つかいみち》について考えたいと思っているんだ。だが、君の好奇心を充《みた》す為《ため》に、一寸、簡単に苦心談をやるかな」

併し、それは決して私の好奇心を充す為ばかりではなくて、寧ろ彼自身の名誉心を満足させる為であったことはいうまでもない。それは兎《と》も角《かく》、彼は次の様に、所謂苦心談を語り出したのである。私は、それを、心安《こころやす》だてに、蒲団の中から、得意そうに動く彼の顎《あご》の辺を見上げて、聞いていた。

「俺は、昨日君が湯へ行った後で、あの二銭銅貨を弄《もてあそ》んでいる内に、妙なことには、銅貨のまわりに一本の筋がついているのを発見したんだ。こいつはおかしいと思って、調べて居ると、なんと驚いたことには、あの銅貨が二つに割れたんだ。見給えこれだ」

彼は、机の抽斗《ひきだし》から、その二銭銅貨を取出して、丁度、宝丹の容器を開ける様に、ネジを廻しながら、上下に開いた。

「これ、ね、中が空虚《から》になっている。銅貨で作った何かの容器なんだ。なんと精巧な細工じゃないか、一寸見たんじゃ、普通の二銭銅貨とちっとも変りがないからね。これを見て、俺は思当ったことがあるんだ。俺はいつか、牢破りの名人が用いるという、鋸《のこぎり》の話を聞いたことがある。それは、懐中時計のゼンマイに歯をつけた、小人島の帯鋸《おびのこぎり》見た様なものを、二枚の銅貨を擦り減らして作った容器の中へ入れたもので、これさえあれば、どんな厳重な牢屋の鉄の棒でも、何なく切破って脱牢するんだ相だ。なんでも元は外国の泥坊から伝ったものだ相だがね。そこで、俺は、この二銭銅貨も、そうした泥坊の手から、どうかして紛れ出したものだろうと想像したんだ。だが、妙なことはそればかりじゃなかった。というのは、俺の好奇心を、二銭銅貨そのものよりも、もっと挑発した所の、一枚の紙切がその中から出て来たんだ。それはこれだ」

それは、昨夜松村が一生懸命に研究していた、あの薄い小さな紙切であった。その二寸四方程の薄葉《うすよう》らしい日本紙には、細い字で次の様に、訳の分らぬものが書きつけてあった。


陀、無弥仏、南無弥仏、阿陀仏、弥、無阿弥陀、無陀、弥、無弥陀仏、無陀、陀、南無陀仏、南無仏、陀、無阿弥陀、無陀、南仏、南陀、無弥、無阿弥陀仏、弥、南阿陀、無阿弥、南陀仏、南阿弥陀、阿陀、南弥、南無弥仏、無阿弥陀、南無弥陀、南弥、南無弥仏、無阿弥陀、南無陀、南無阿、阿陀仏、無阿弥、南阿、南阿仏、陀、南阿陀、南無、無弥仏、南弥仏、阿弥、弥、無弥陀仏、無陀、南無阿弥陀、阿陀仏、

「この坊主の寝言見たようなものは、なんだと思う。俺は最初は、いたずら書きだと思った。前非《ぜんぴ》を悔いた泥坊かなんかが、罪亡ぼしに南無阿弥陀仏を沢山並べて書いたのかと思った。そして、牢破りの道具の代りに銅貨の中へ入れて置いたのじゃないかと思った。が、それにしては、南無阿弥陀仏と続けて書いてないのがおかしい。陀とか、無弥仏とか、悉く南無阿弥陀仏の六字の範囲内ではあるが、完全に書いたのは一つもない。一字切りの奴もあれば、四字五字の奴もある。俺は、こいつはただの悪戯《いたずら》書きではないなと感づいた。

丁度その時、君が湯屋から帰って来た跫音《あしおと》がしたんだ。俺は急いで、二銭銅貨とその紙片を隠した。どうして隠したというのか。俺にもはっきり分らないが、多分この秘密を独占したかったのだろう。そして凡《すべ》てが明かになってから君に見せて、自慢したかったのだろう。ところが、君が梯子段を上っている間に、俺の頭に、ハッとする様なすばらしい考《かんがえ》が閃《ひらめ》いたんだ。というのは、例の紳士泥坊のことだ。五万円の紙幣をどこへ隠したのか知らないが、まさか、刑期が満るまで其儘でいようとは、彼奴だって考えないだろう。そこで、彼奴には、あの金を保管させる所の、手下乃至《ないし》は相棒といった様なものがあるに相違ない。今仮にだ、彼奴が不意の捕縛の為に、五万円の隠し場所を相棒に知らせる暇がなかったとしたらどうだ。彼奴としては、未決監《みけつかん》に居る間に、何かの方法でその仲間に通信する外はないのだ。このえたいの知れない紙切が、若しもその通信文であったら……

こういう考が俺の頭に閃いたんだ。無論空想さ。だが一寸甘い空想だからね。そこで、君に二銭銅貨の出所についてあんな質問をした訳だ。ところが君は、煙草屋の娘が監獄の差入屋へ嫁いているというではないか。未決監に居る泥坊が外部と通信しようとすれば、差入屋を媒介者にするのが最も容易だ。そして、若しその目論見が何かの都合で手違いになったとしたら、その通信は差入屋の手に残っている

筈だ。それが、その家の女房によって親類の家に運ばれないと、どうして云えよう。さあ、俺は夢中になって了った。

さて、若しこの紙切の無意味な文字が一つの暗号文であるとしたら、それを解くキイは何だろう。俺はこの部屋の中を歩き廻って考えた。可也《かなり》難しい、全部拾って見ても、南無阿弥陀仏の六字と読点だけしかない。この七つの記号を以て、どういう文句が綴れるだろう。

俺は暗号文については、以前に一寸研究したことがあるんだ。シャーロック・ホームズじゃないが、百六十種位の暗号の書き方は俺だって知っているんだ。(Dancing Men 参照)

で、俺は、俺の知っている限りの暗号記法を、一つ一つ頭に浮べて見た。そして、この紙片《かみき》れの奴に似ているのを探した。随分手間取った。確か、その時君が飯屋へ行くことを勧めたっけ。俺はそれを断って一生懸命考えた。で、とうとう少しは似た点があると思うのを二つ丈け発見した。

その一つは Bacon の発明した two letter 暗号法という奴で、それはaとbとのたった二字の色々な組合せで、どんな文句でも綴ることが出来るのだ。例えば fly という言葉を現す為には aabab, aabba, ababa と綴るといった調子のものだ。

も一つは、チャールス一世の王朝時代に、政治上の秘密文書に盛んに用いられた奴で、アルファベットの代りに、一組の数字を用いる方法だ。例えば」

松村は机の隅に紙片れをのべて、左《さ》の様なものを書いた。

A　B　C　D　……………

1111　1112　1121　1211……………

「つまり、Aの代りには一千百十一を置き、Bの代りには一千百十二を置くといった風のやり方だ。俺は、この暗号も、それらの例と同じ様に、いろは四十八字を、南無阿弥陀仏を色々に組合せて置換えたものだろうと想像した。

さて、こいつを解く方法だが、これが英語か仏蘭西《フランス》語か独逸《ドイツ》語なら、ポオの Gold bug にある様にeを探しさえすれば訳はないんだが、困ったことに、こいつは日本語に相違ないんだ。念の為に一寸ポオ式のディシファリングを試みて見たが、少しも解けない。俺はここでハタと行詰《ゆきづま》って了った。

　六字の組合せ六字の組合せ、俺はそれ計《ばか》り考えて又座敷を歩き廻った。俺は六字という点に何か暗示がないかと考えた。そして六つの数で出来ているものを、思い出せる丈け思い出して見た。

　滅多矢鱈《めったやたら》に六という字のつくものを並べている内に、ふと、講談本で覚えた所の真田幸村《さなだゆきむら》の旗印の六《ろく》連銭《れんせん》を思い浮べた。そんなものが暗号に何の関係もある筈はないのだが、どういう訳か「六連銭」と、口の中で呟いた。

　すると、するとだ。インスピレーションの様に、俺の記憶から飛び出したものがある。それは、六連銭をそのまま縮小した様な形をしている、盲人の使う点字であった。俺は思わず、「うまい」と叫んだよ。だって、なにしろ五万円の問題だからなあ。

　俺は点字について詳しくは知らなかったが、六つの点の組合せということ丈けは記憶していた。そこで、早速按摩を呼んで来て伝授に与ったという訳だ。これが按摩の教えて呉れた点字のいろはだ」

　そういって松村は、机の抽斗《ひきだし》から一枚の紙片を取出した。それには、点字の五十音、濁音符、半濁音符、拗音符、促音符、長音符、数字などが、ズッと並べて書いてあった。

「今、南無阿弥陀仏を、左から始めて、三字ずつ二行に並べれば、この点字と同じ配列になる。南無阿弥陀仏の一字ずつが、点字の各々の一点に符合する訳だ。そうすれば、点字のアは南、イは南無という工合《ぐあい》に当嵌《あては》めることが出来る。この調子で解けばいいのだ。そこで、これは、俺が昨夜《ゆうべ》この暗号を解いた結果だがね。一番上の行が原文の南無阿弥陀仏を点字と同じ配列にしたもの、真中の行がそれに符合する点字、そして一番下の行が、それを飜訳《ほんやく》したも

陀	弥無仏	南弥無仏	陀阿仏	弥	弥無陀阿	無陀	弥	弥無陀仏	無陀	陀	南無陀仏	南無仏	陀	弥無陀阿	無陀	南仏	南陀	弥無	弥無陀阿仏	弥	南陀阿	弥無阿	南陀仏	南弥陀阿
濁音符	ゴ	ケ	ン	チ	ヨ	ー	シ	ヨ	ー	濁音符	ジ	キ	濁音符	ド	ー	カ	ラ	オ	モ	チ	ヤ	ノ	サ	ツ

陀阿	南弥	南弥無仏	弥無陀阿	南弥無陀	南弥	南弥無仏	弥無陀阿	南無陀	南無阿	陀阿仏	弥無阿	南阿	南阿仏	陀	南陀阿	南無	弥無仏	南弥仏	弥阿	弥	弥無陀仏	無陀	南弥無陀阿	陀阿仏
ヲ	ウ	ケ	ト	レ	ウ	ケ	ト	リ	ニ	ン	ノ	ナ	ハ	濁音符	ダ	イ	コ	ク	ヤ	シ	ヨ	ー	テ	ン

のだ」

　こういって、松村は又もや上の様な紙切を取出したのである。

「ゴケンチヨーシヨージキドーカラオモチヤノサツヲウケトレウケトリニンノナハダイコクヤシヨーテン。つまり、五軒町の正直堂から玩具の札を受取れ、受取人の名は大黒屋商店というのだ。意味はよく分る。だが、何の為に玩具の紙幣なんかを受取るのだろう。そこで、俺は又考えさせられた。併し、この謎は割合簡単に解くことが出来た。そして、俺はつくづくその紳士泥坊の、頭がよくって敏捷《びんしょう》で、尚《な》お其上に小説家の様なウイットを持っていることに感心して了った。エ、君、玩具の紙幣とはすてきじゃないか。

　俺はこう想像したんだ。そして、それが幸にも悉く適中した訳だがね。紳士泥坊は、万一を慮《おもんぱか》って、盗んだ金の最も安全な隠し場所を、予《あらかじ》め用意して置いたに相違ないんだ。さて、世の中に一番安全な隠し方は、隠さないで隠すことだ。衆人の目の前に曝《さら》して置いて、しかも誰もがそれに気づかないという様な隠し方が最も安全なんだ。


恐るべきあいつは、この点に気づいたんだ。と、想像するのだがね。で、玩具の紙幣という巧妙なトリックを考え出した。俺は、この正直堂というのは、多分玩具の札なんかを印刷する店だと想像した。——これも当って居ったがね。——そこへ、彼奴は大黒屋商店という名で、予め玩具の札を註文して置いたんだ。

　近頃、本物と寸分違わない様な玩具の紙幣が、花柳界《りゅうかい》《か》などで流行している相《そう》だ。それは誰かから聞いたっけ。アア、そうだ。君がいつか話したんだ。ビックリ函《ばこ》だとか、本物とちっとも違わない、泥で作った菓子や果物だとか、蛇の玩具だとか、ああしたものと同じ様に、女の子を吃驚《びっくり》させて喜ぶ粋人《すいじん》の玩具だといってね。だから、彼奴が本物と同じ大きさの札を註文した所で、ちっとも疑《うたがい》を受ける筈はないんだ。

　こうして置いて、彼奴は、本物の紙幣をうまく盗み出すと、多分その印刷屋へ忍び込んで、自分の註文した玩具の札と擦り換えて置いたんだ。そうすれば、註文主が受取に行くまでは、五万円という天下通用の紙幣が、玩具の札として、安全に印刷屋の物置に残っている訳だからね。

これは単に俺の想像かも知れない。だが、随分可能性のある想像だ。俺は兎に角当って見ようと決心した。地図で五軒町という町を探すと、神田《かんだ》区内にあることが分った。そこで愈々《いよいよ》玩具の札を受取に行くのだが、こいつが一寸難しい。というのは、この俺が受取に行ったという痕跡を、少しだって残してはならないんだ。

もしそれが分ろうものなら、あの恐ろしい悪人がどんな復讐をするか、思った丈けで気の弱い俺はゾッとするからね。兎に角、出来る丈け俺でない様に見せなければいけない。そういう訳で、あんな変装をしたんだ。俺はあの十円で、頭の先から足の先まで身なりを変えた。これ見給え、これなんか一寸いい思つきだろう」

そういって、松村はそのよく揃った前歯を出して見せた。そこには、私が先程から気づいていた所の、一本の金歯が光っていた。彼は得意そうに、指の先でそれをはずして、私の眼の前へつき出した。

「これは夜店で売っている、ブリキに鍍金《めっき》した奴だ。ただ歯の上に冠せて置く丈けの代物《しろもの》さ。僅か二十銭のブリキのかけらが大した役に立つからね。金歯という奴はひどく人の注意を惹《ひ》くものだ。だから、後日俺を探す奴があるとしたら、先ずこの金歯を眼印にするだろうじゃないか。さてこれ丈けの用意が出来ると、俺は今朝早く五軒町へ出掛けた。一つ心配だったのは、玩具の札の代金のことだった。泥坊の奴、きっと、転売なんかされることを恐れて、前金で支払って置いただろうとは思ったが、若しもまだだったら、少くとも二三十円は入用だからね。生憎《あいにく》我々にはそんな金の持合せがない。ナアニ、何とかごまかせばいいと高を括《くく》って出掛けた。――案の定印刷屋は、金のことなんかは一言も云わないで、品物を渡して呉れたよ。――かようにして、まんまと首尾よく五万円を横取りした訳さ。……さてその使途《つかい》だ。どうだ。何か、考はないかね」

松村が、これ程興奮して、これ程雄弁に喋ったことは珍しい。私はつくづく五万円という金の偉力に驚嘆した。私は其都度《つど》形容する煩《はん》を避けたが、松村がこの苦心談をしている間の、嬉し相な様というものは、全く見物《みもの》であった。彼ははしたなく喜ぶ顔を見せまいとして、大いに努力して居った様であるが、努《つと》めても、努めても、腹の底から込み上げて来る、何とも云えぬ嬉し相な笑顔は隠すことが出来なかった。

　話の間々にニヤリと洩《も》らす、その形容のし様もない、狂気の様な笑いは、私は寧ろ凄いと思った。併し、昔千両の富籤《とみくじ》に当って発狂した貧乏人があったという話もあるのだから、松村が五万円に狂喜するのは決して無理ではなかった。

　私はこの喜びがいつまでも続けかしと願った。松村の為にそれを願った。

　だが、私には、どうすることも出来ぬ一つの事実があった。止めようにも止めることの出来ない笑いが爆発した。私は笑うんじゃないと自分自身を叱《しか》りつけたけれども、私の中の、小さな悪戯好きの悪魔が、そんなことには閉口《へこ》たれないで私をくすぐった。私は一段と高い声で、最もおかしい笑劇を見ている人の様に笑った。

　松村はあっけにとられて、笑い転《こ》ける私を見ていた。そして、一寸変なものにぶっつかった様な顔をして云った。

「君、どうしたんだ」

　私はやっと笑いを噛み殺してそれに答えた。

「君の想像力は実にすばらしい。よくこれ丈けの大仕事をやった。俺はきっと今迄の数倍も君の頭を尊敬する様になるだろう。成程君の云う様に、頭のよさでは敵《かな》わない。だが、君は、現実というものがそれ程ロマンチックだと信じているのかい」

　松村は返事もしないで、一種異様の表情を以て私を見詰めた。

「言い換えれば、君は、あの紳士泥坊にそれ程のウイットがあると思うのかい。君の想像は、小説としては実に申分がないことを認める。けれども世の中は小説よりはもっと現実的だからね。そして、若し小説について論じるのなら、俺は少し君の注意を惹き度い点がある。それは、この暗号文には、もっと外の解き方はないかということだ。君の飜訳したものを、もう一度飜訳する可能性はないかということだ。例えばだ、この文句を八字ずつ飛ばして読むという様なことは出来ないことだろうか」

　私はこういって、松村の書いた暗号の飜訳文に左の様な印をつけた。

ゴ・ケンチョーショージ・キドーカラオモチャ・ノサツ

チウケトレウケトリニンノナハダイコクヤショーテン・

「ゴジャウダン。君、この『御冗談』というのは何だろう。エ、これが偶然だろうか。誰かの悪戯だという意味ではないだろうか」

松村は物をも云わずに立上った。そして、五万円の札束だと信じ切っている所の、かの風呂敷包を私の前へ持って来た。

「だが、この大事実をどうする。五万円という金は、小説の中からは生れないぞ」

彼の声には、果《はた》し合《あい》をする時の様な真剣さが籠《こも》っていた。私は恐ろしくなった。そして、私の一寸したいたずらの、予想外に大きな効果を、後悔しないではいられなかった。

「俺は、君に対して実に済まぬことをした。どうか許して呉れ。君がそんなに大切にして持って来たのは、矢張《やは》り玩具の札なんだ。マア、それを開いてよく調べて見給え」

松村は、丁度暗《やみ》の中で物を探る様な、一種異様の手附で――それを見て、私は益々気の毒になった――長い間かかって風呂敷包を解いた。そこには、新聞紙で丁寧に包んだ、二つの四角な包みがあった。

その内の一つは新聞が破れて中味が現れていた。

「俺は途中でこれを開いて、この眼で見たんだ」

松村は喉に閊《つか》えた様な声で云って、尚おも新聞紙をすっかり取り去った。

それは、如何にも真《しん》にせまった贋物であった。一寸見たのでは、凡ての点が本物であった。けれども、よく見ると、それらの札の表面には、圓という字の代りに團という字が、大きく印刷されてあった。二十圓、十圓ではなくて、二十團、十團であった。

松村はそれを信ぜぬように、幾度も幾度も見直していた。そうしている内に、彼の顔からは、あの笑いの影がすっかり消去って了った。そして、後には深い深い沈黙が残った。私は済まぬという心持で一杯であった。私は、私の遣り過ぎたいたずらについて説明した。けれども、松村はそれを聞こうともしなかった。その日一日はただ唖者の様に黙り込んでいた。

これで、このお話はおしまいである。けれども、読者諸君の好奇心を充す為に、私のいたずらについて、一言説明して置かねばならぬ。

正直堂という印刷屋は、実は私の遠い親戚であった。私はある日、せっぱ詰った苦しまぎれに、そのふだんは不義理を重ねている所の親戚のことを思出した。そして、いくらでも金の都合がつけばと思って、進まぬながら久し振りでそこを訪問した。――無論このことについては松村は少しも知らなかった。――借金の方は予想通り失敗であったが、その時図《はか》らずも、あの本物と少しも違わない様な、其時は印刷中であった所の、玩具の札を見たのである。そしてそれが、大黒屋という長年の御得意先の註文品だということを聞いたのである。

私はこの発見を、我々の毎日の話柄《わへい》となっていた、あの紳士泥坊の一件と結びつけて、一芝居打って見ようと、下らぬいたずらを思いついたのであった。それは、私も松村と同様に、頭のよさについて、私の優越を示す様な材料が掴《つか》み度いと、日頃から熱望していたからであった。

あのぎこちない暗号文は、勿論私の作ったものであった。併し、私は松村の様に外国の暗号史に通じていた訳ではない。ただ一寸した思いつきに過ぎなかったのだ。煙草屋の娘が差入屋へ嫁《とつ》いでいるという様なことも、矢張り出鱈目であった。第一、その煙草屋に娘があるかどうかさえ怪しかった。

ただ、このお芝居で、私の最も危《あやぶ》んだのは、これらのドラマチックな方面ではなくて、最も現実的な併し全体から見ては極めて些細《ささい》な、少し滑稽味《こっけいみ》を帯びた、一つの点であった。それは、私が見た所のあの玩具の札が、松村が受取りに行くまで、配達されないで、印刷屋に残っているかどうかということであった。

玩具の代金については、私は少しも心配しなかった。私の親戚と大黒屋とは延取引《のべとりひき》であったし、其上もっといい事は、正直堂が極めて原始的な、ルーズな商売のやり方をして居ったことで、松村は別段、大黒屋の主人の受取証を持参しないでも失敗する筈はなかったからである。

最後に、彼《か》のトリックの出発点となった二銭銅貨については、私は茲に詳しい説明を避けねばならぬことを遺憾に思う。若し、私がへまなことを書いては、後日、あの品を私に呉れたある人が、飛んだ迷惑を蒙《こうむ》るかも知れないからである。読者は、私が偶然それを所持していたと思って下さればよいのである。

講義編

江戸川乱歩「二銭銅貨」

語り手の設定

小説を書く際に考えなければならない、また小説を読む際に気をつけなければならないことに、語り手の設定の問題があります。本書で語り手と呼ぶものについては「話者」と呼ぶ人もいますし、いわゆる三人称で書かれた小説の語り手のことを「作者」と呼んでいる人もいて、実は統一した用い方があるわけではありません。

本書では小説において言葉を発していると見なされるものを、それが登場人物の一人であるか、登場人物ではない無名のナレーターのようなものであるかを問わず、語り手と呼ぶことにします。後者は先程述べた「三人称の小説」と呼ばれたりするものですし（これについては三章で詳しく説明します）、前者は語り手が「私」「僕」「俺」「吾輩」などと自称するので「一人称の小説」と呼ばれるのはみなさんご存じのとおりです。この語り手の重要性について気づいてもらうためにまず読んでもらったのが江戸川乱歩が書いた「二銭銅貨」という短篇小説ですが、読み終わってどういう印象を持ったでしょうか。

松村が「五万円」が入っているという風呂敷包みを持って「私」の前に現れ、自分がどのようにその五万円を見つけたか、その隠し場所を見つけるまでの推理の過程を得意そうに解説するところまでの展開は、みなさんもこれまでに小説やマンガで読んだり、ドラマやアニメで見たりしたことのあるミステリーというジャンルとして読むことが可能です。そこまででも十分面白い小説ではあるのですが、結末で実は暗号が書かれた紙は「私」が松村をだますために用意したもので、五万円も実は「私」の親戚のところにあったおもちゃのお札だった、ということが明らかになります。最後になって実は「私」が松村の活躍を伝える語り手・同伴者であるだけではなく、全てを仕掛けた影の主役だったことがわかるわけです。はじめにポイントをあげておくと、「二銭銅貨」では「私」が語り手であり同時に登場人物であるということが重要な意味を持っているのです。

「二銭銅貨」は『新青年』一九二三（大正十二）年四月号に掲載された江戸川乱歩のデビュー作です。「江戸川乱歩」というペンネーム（ちなみに彼の本名は平井太郎なのですが、ずいぶんギャップが大きいですね）が、アメリカの詩人・小説家・編集者のエドガー・アラン・ポーからとられたものだ、というのは有名な話ですが、この名前で発表した「二銭銅貨」もポーの「黄金虫」を意識して、つまりパロディとして書かれています。両作の関係については、次章で詳しく取り上げますが、「黄金虫」のような探偵役が暗号を解く過程を伝える小説だと思って「二銭銅貨」を読んでいると最後の意外な結末、実は全て語り手の「私」がしかけた悪戯だったとわかって驚かされることになります。この小説は「私」が登場人物として松村をだます話であり、同時に語り手として読者をだます小説でもあるのです。どのようにだましているのかはこの後詳しく説明しますが、このように文章の書き方で読者をだます技法を叙述トリックと呼んだりします。叙述トリックを使っていると言われている小説の多くが読者だけをだましているものが多い中で、「二銭銅貨」は登場人物と読者を同時にだましているという点に特徴があります。

どのようにだまされたのか

どうでしょうか。結末で「私」の「笑いが爆発」する前に、「私」の悪戯に気づいた人、「私」にだまされなかった、という人はいるでしょうか。

私はこの小説を大学の実習で用いるようになって十五年以上になりますが、受講者はみな松村を探偵役とした小説だということと疑わずに読んで「私」にだまされていました。そういう私自身も最初に「二銭銅貨」を読んだ時には、最後まで「私」にだまされていました。では、どうしてだまされたのでしょう。また、どのようにだまされたのでしょうか。

あらためてこの小説について確認しましょう。「上」では「紳士盗賊」または「紳士泥棒」と呼ばれている犯人がおこした犯罪について語られ、続く「中」では松村武という青年が何やら奇妙な行動をし始めていて、そのことを彼と一緒に暮らしている「私」と名乗る名前のわからない青年が伝えていきます。そして、「下」で松村は「私」に対して滔々《とうとう》と自分が何をしていたかを語り、「紳士泥棒」が隠していた五万円を見つけ出したことを自慢します。

このような何かの謎を解いていく探偵役と、その探偵役の行動を伝える語り手という設定も多くの探偵小説で繰り返されているもので、小説以外のジャンルでも目にすることは多いでしょう。最も有名なのは、コナン・ドイルのシャーロック・ホームズシリーズにおけるホームズとワトソンという関係で、探偵の同伴者のことを「ワトソン役」と呼んだりすることもあるくらいです。実はこの組み合わせもポーの小説から来ていて、先程名前をあげた「黄金虫」もそうですし、名探偵オーギュスト・デュパンが活躍する「モルグ街の殺人」や「盗まれた手紙」でも、名前のわからない、デュパンの友人の「私」と名乗る人物が語り手として登場します。

「二銭銅貨」の読者は、この名探偵と同伴者の組み合わせを知っているが故に、松村を探偵役、「私」をその同伴者と思いこんで読み、「私」が悪戯をしかけているとは露とも疑わずにだまされてしまうのです。もちろん、作者である江戸川乱歩が探偵小説ジャンルで活躍していた人であることを知っていれば、その先入観もまた読者の眼を曇らせることになるでしょう（初めに述べたように「二銭銅貨」は彼のデビュー作なので、当時の読者はそういう先入観は持っていなかったでしょうが、かわりにポーの名前をもじったペンネームが先入観を作ったと考えられます。また掲載誌である『新青年』は探偵小説をよく掲載する雑誌でもありました）。

ただ、この小説をもう一度読み直してみると、そういう先入観が無かったとしても読者はだまされていたかもしれないということがわかってきます。それはどのような点によるのか、「中」の冒頭の松村と「私」の対話に注目してみましょう。ここで、松村が銭湯から帰ってきた「私」に質問をして、「私」がそれに答えるうちにこの小説の題名になっている二銭銅貨の由来が明らかになっていきます。一度読んだ後ではこの由来が「私」のついた嘘であることがわかっている訳ですが、実はこの対話に読者をだますテクニックが隠れているのです。この対話の記述にはどんな特徴があるでしょうか。

〈空所〉に注目する

書かれている文章を読んでいるだけではこの問いには答えられません。逆に、何が書かれていないのか、何が〈空所〉になっているのかを考える必要があります。どんな文章、どんな記述でも、全てを書き尽くすことはできず、必ず書かれていない〈空所〉があります。もし、全てを書き尽くそうとしたら、その文章は膨大なものにならざるを得なくなり、誰にも読み終えることができなくなってしまいます。なので、どんな文章にも〈空所〉が生じてしまいますし、文章を書くということは何を書かないかを選択することだとも言えるでしょう。

小説を読み、論じる立場に立つと、どのように読者に情報が与えられているか、どのような情報が与えられ、同時にどのような情報が与えられていないか、を考えるのが重要だということになります。小説では、常に語り手による情報の操作が行なわれ、読者には小説の世界について不十分な情報しか与えられていません。語り手は、すべての情報を伝えているわけではないですし、また公平に情報を伝えるわけでもありません。

情報という言葉は、小説とか文学について述べるときにふさわしい言葉ではないように思うかもしれませんが、私たち読者は小説を読むときには常に、なんらかの情報を受けとめ、また小説の世界や登場人物についての情報を探しながら読んでいます。作品の舞台となっているのはどういう場所・空間なのか、主人公や他の登場人物はどういうものの考え方や感じ方をする人なのか、といった情報を読者は小説から与えられているのです。だからどのような情報が与えられ、どのような情報が与えられていないか、というのは非常に重要です。小説を含めた文学ジャンルでは、常に語り手による情報の操作が行なわれ、読者はその世界について十分な情報は与えられないのです。基本的に小説というのは読者をだますもので、そのために重要な役割を果たすのが語り手なのです。

「二銭銅貨」という小説のポイントは、語り手であると同時にいたずらのしかけ手でもある「私」が読み手に伝える情報を取捨選択し、またあえてしらばっくれて何も知らないふりをして松村の行動について説明するということにあります。つまり、いたずらのしかけ手としては松村の行動の理由を全て知っているのですが、小説の語り手（本文中に「読者」という言葉が出て来るのからすると書き手でもあるのでしょうが）としては松村が罠にかかっていることを、最後に真相が明らかになるまで読み手に悟らせないようにしなければならない、という矛盾した立場に立っているのです。

では、あらためて先程指摘した「中」の冒頭、22頁のあたりでは何が〈空所〉になっているのかを考えてみましょう。

小説によってはこういう形で登場人物の会話が続いて、全く地の文が出てこない書き方をしているものもあるので気づきにくいかもしれませんが、ここでは対話をしている二人の様子が全く描かれません。二人はどういう位置関係なのか、どんな状態で、どんな動作をしながら話しているのか、全くわかりません。更に、この対話の間に「私」がどんなことを考えているのかもわかりません。ただ、動作はまだしも、「私」の考えたことが書かれていたとしたら、この小説は成り立たなくなります。「私」は松村が二銭銅貨について聞いてきたことから、彼が二銭銅貨のしかけに気づいたことを推測できたでしょうし、対話を続けているうちに自分のいたずらが功を奏し始めていることを確信していったでしょう。もし、その心理が読者に伝えられたら、読者が最後に意外な結末に驚くことも無かったはずです。だから、小説を成り立たせるために「私」の心理描写が無いのは当然のことなのです。松村の長い述懐が終わった後、32頁に出てくる「私は其都度形容する煩を避けたが」という言葉は、自分自身の心理・行動についても当てはまることだったわけです。

つまり、この「二銭銅貨」における最も重要な情報の操作は、「私」の心理を描写せず、読者に伝えないようにしている、という点にあります。また、書かれていること、二銭銅貨についての対話を読者の関心を引く興味深いものにして、何が書かれていないのか、という点に意識を向けさせないようにしているというのも重要なテクニックです。小説を論じる際の用語として「信用できない語り手」というものがありますが、「二銭銅貨」の「私」は読者をだまそうとしている点でその典型と言えます。実際は、どんな語り手も読み手に与える情報を操作しているという点では公平ではなく、必ず信用できないところはあるのですが（詳しくはこの章の最後にまた述べます）、小説を読解する上で信用できなさを強く意識しなければならない語り手のことをそう呼んでいます。

読者をだますために

実は、この対話の前後にも、「私」が読者を誤った方向に導く表現が何箇所かあるのです。たとえば、銭湯から帰ってきた直後に見た松村の顔付きを「妙な、一種の興奮した様な」と記述していますが、よく考えると「私」は二銭銅貨のいたずらをしかけた上で出かけているのですから、松村が興奮した顔をしていればその理由はある程度見当が付くはずです。だとすると、まるで何も知らない人のように「妙な」と言っているのは随分白々しいようにも思えます。もちろん、誰が見ても妙な顔をしていたので、そう書いただけかもしれませんから、ここはまだグレーな表現とも言えるでしょうが、対話の途中の「どういう訳か、松村はひどく考え込んだのである」という記述はどうでしょうか。どういう訳も何も、松村が二銭銅貨について聞いてきた理由を一番よくわかっているのは「私」のはずです。「私」は松村が気づくように仕掛けのある二銭銅貨を机の上に置いておいた訳ですから、実際にはここで「お、気づいたか」というようなことを思っていたとしてもおかしくありません。

その後の二銭銅貨の由来を巡る会話の途中でも、松村は二銭銅貨を開けてみたのか、中の紙に書かれた暗号についてどこまでわかっているのか、というようなことを推測したり、煙草屋についての嘘に気づかれないかを心配したりといったことがありそうですが、既に指摘したように、それは全く読者には伝えられません。そして、松村が対話を突然打ち切ったことについての、23頁の「驚いたことには」という記述も微妙に怪しいものです。確かに話をしていた相手が何も言わずに立ち上がったとしたら驚くでしょうが、「私」にとってその驚きは長くは続かず、松村が二銭銅貨の暗号について夢中になっているということはすぐに了解していたでしょう。しかし、「私」は何も語らず、更に次の段落の最後には「若し傍観者があって、之を見たら、余程狂気じみたものであったに相違ないのである」と、いもしない「傍観者」を持ち出して、松村に読者の関心が向くように仕向けています。あたかも、彼自身が「傍観者」であるかのように。読者は、松村の奇妙な行動の方に関心を引かれているので、「私」の語りのおかしなところには注意を向けなくなってしまうのです。

「傍観者」的な見地ということで言うと、そもそも「中」冒頭の「ある日のこと」という言葉だって、何も知らないふりをして全てを語っていないことになります。正しく書けば、「「私」が松村にいたずらを仕掛けるための用意をした日のこと」となります。なにげなく「ある日」と書いているものの、実際は特定の、特別な日であり、もう一つ言えばこのような時間にまつわる語りの操作も、「二銭銅貨」という小説を成り立たせている要因の一つです。ここでは、出来事が起こった順番に書かれている訳ではなく、語り手「私」が読者をだませるような順番で語られています。

「私」と松村が頭の良さを競っていた。❶
↓紳士泥棒の事件があった。❷
↓「私」が正直堂でおもちゃのお札を見かけた。❸
↓「私」が暗号文を作って二銭銅貨の中に入れて机の上に置いて銭湯に行った。❹
↓帰って来た「私」に松村が二銭銅貨のことを質問した。❺

実際にはこの順番で起こった出来事が、❷↓❺↓❶↓❸の順番で語られ、必ずあったはずの❹については本文中では直接言及すらされていません。この語る順番の操作というのも、語り手が行う詐術の一つなので、小説について考える際には時間の順番を並べ直してみるのも大切なことです。

「私」の信用できない語り＝騙りについては、この後もいろいろな所について指摘ができるのですが、それはみなさん自身で読み直して確認してみてください。その時に、「私」が実際にはどのようなことを思っていたのか考えてみるのも面白いでしょう。この章の最後に実習編として課題を出していますが、実際大学の実習では、課題として「「二銭銅貨」の〈空所〉を埋める」ということを学生に課しています。すると、多くの学生が「私」が「笑いをかみ殺しながら」話しているという風に書いてきます。いたずらは面白がるために、相手をからうためにすることですから、なるほど「私」が面白がっているという解釈は順当なものでしょう。

また、少数の学生は松村が暗号がいたずらだということを気づくのではないかと「私」が危惧しながら話しているという解釈をしたりします。せっかく仕掛けたいたずらですから、最後まで引っかかってもらいたいと思うのも当然です。また逆に、「私」と松村の頭の良さの競い合いがこの小説のきっかけになっていることから、「私」にとって松村が暗号を正しく解読してしまうということは実際は悔しいことだったのではないかという推測もできます。解いてひっかかって欲しいが、解かれてしまったら悔しくもあるという二つの感情に揺れていたかもしれない、ということも考えられます。その解釈だと、最後、35頁に出てくる「私は松村の様に外国の暗号史に通じていた訳ではない。ただ一寸した思いつきに過ぎなかったのだ」という文章も負け惜しみに見えてきます（もちろん、松村は解けた暗号文を更に八字ずつ飛ばして読むというところには至れず、「ご冗談」という隠されたメッセージには気付けなかった訳ですが、八字飛ばしという読み方を導くようなヒントも特に無く、これに気づけというのは少し酷なのではないでしょうか）。

「私」の心理という〈空所〉の埋め方については、「私」という登場人物《キャラクター》をどのように捉えているかによって方向性が違ってくるということだと考えられます。「私」が松村や読者をだましていることから、あまり性格がよろしくない、と思う人もいるでしょうし、最後に松村が黙りこんだのを見て反省していることから、いたずらは好きかもしれないがそんなに悪い人ではない、と思う人もいるでしょう。他にもいろいろな「私」像が描けるでしょうが、直接「私」自身について語られていることが少ないので、どれが正しいかはわかりません。そこは、読者に与えられた解釈の自由ということなのでしょう。

情報管理の重要性

小説に限らず文章はその表現の性質上、一目で多くの情報を伝えることはできません。必ず読者は前から順番に文の連なりを追っていかなくてはなりません。もちろん、読者には文章を読み飛ばしたり、ところどころだけ読んだり、最後だけを読んだり、自由な読み方が許されているわけですが、文章の全体を把握するためには最初から最後までを線条的《リニア》に読まざるを得ないわけです。

小説の場合も読者に対して、設定された語り手は、少しずつ情報を与えていきます。読者は読み進むごとに、初めはわからなかったことがわかるようになり、またそれに伴って新たなわからないことの答えを求めて先へと進みます。「二銭銅貨」のような推理小説だけではなく、あらゆる小説は、まだ語られていない不明な点・謎を提示され、それがだんだんと明らかになっていくという構成を持っているのです。読者は小説を読み進めながら、新たに提示される情報を受けとめ、小説の世界全体や人間関係、それに先の展開を推測し、驚いたり納得したりしていくわけです。一方、小説の書き手は、読者の関心を引くようにうまく情報を提示させ、読者に全てを見抜かれないように情報を隠し、また読者の意表を突くために誤った方向に導かせるように語り手をコントロールしなければなりません。いかに知らせ、いかに知らせないかという情報管理が小説を書く上では重要なのです。

実習編

「二銭銅貨」
江戸川乱歩

「二銭銅貨」の語り手がどのように読者を騙すために設定されているか説明してきました。前述したとおり、大学での実習では講義の後、学生に語り手「私」が情報を制限して語らなかったところを想像して補うという課題に挑んでもらいます。「二銭銅貨」において歪めて伝えられている情報を修正し、また小説の中では伝えられていない「私」の心情を補足するわけです。講義編でもふれた、松村とのやりとりの中で「私」が笑いをかみ殺していたり、いたずらに気づかれないか心配していたりする、というだけではなく、様々な〈空所〉の埋め方が可能です。

これまで実際に学生が実習で書いたものを参考にして、一例として「中」冒頭の松村と「私」の対話を書き直してみましょう。

「君、この、僕の机の上に二銭銅貨をのせて置いたのは君だろう。あれは、どこから持って来たのだ」こう聞いてきた松村の様子だけでは、どこまで気づいているかは判断がつかなかった。わざわざ二銭銅貨について聞いてくるということは、開けて中の紙に気づいたということだろうか。ここは適当に合わせて様子を見ることにしよう。

「アア、俺だよ。さっき煙草を買ったおつりさ」

「どこの煙草屋だ」

「飯屋の隣の、あの婆さんのいる不景気なうちさ」

「フーム、そうか」

と、松村はひどく考え込んだのである。どうやら、中の紙に気づいているらしい。しかし、それについて私に語るだろうか。彼の性格からすると、一人でこっそり考えるつもりかもしれない。

「君、その時、君が煙草を買った時だ、誰か外にお客はいなかったかい」考えこんだ後、やはり中の紙についてはふれずに、執拗に二銭銅貨について尋ねてきたのであった。私は風呂につかりながら考えておいた問答の線で答えていくことにした。

「確か、いなかった様だ。そうだ。いる筈がない。その時あの婆さんは居眠りをしていたんだ」

この答を聞いて、松村は安心した様子であった。なにしろ想像力の豊かな男である。あの紙の暗号がよほどの秘密につながっていると思っているのかもしれない。あの暗号を解く糸口はもう見つけたのだろうか。

「だが、あの煙草屋には、あの婆さんの外に、どんな連中がいるんだろう。君は知らないかい」知らない、と本当のことを答えては面白くない。嘘を続けなくてはならない。「俺は、あの婆さんとは仲よしなんだ。あの不景気な仏頂面が、俺のアブノーマルな嗜好に適したという訳でね。だから、俺は相当あの煙草屋については詳しいんだ。あそこには婆さんの外に、婆さんよりはもっと不景気な爺じいさんがいる切りだ。し君はそんなことを聞いてどうしようというのだ。どうかしたんじゃないかい」逆に問い返してみたが、やはり松村は紙と暗号については私に隠し通すつもりのようだった。

「マアいい。一寸訳があるんだ。ところで君が詳しいというのなら、も少しあの煙草屋のことを話さないか」こちらも嘘をつき続けることにしよう。周旋屋に娘が嫁いでいるという話は我ながらいい思いつきである。適当な話をもっともらしく語るのは私の得意とするところであるが、嘘だと気づかれないように気をつけなくてはならない。さて、松村の頭の中ではどのような妄想が繰り広げられるのだろうか。

このように書き足してみると、「私」という登場人物がいくらか違って見えてこないでしょうか。また、「私」が明らかに主役になっています。実際の大学での実習では「私」をもっと意地悪な性格にしたり、臆病な性格にしたり、様々な形での書き換えが行われてきています。

また、講義編では「私」の心理が〈空所〉になっていることだけを取り上げましたが、「私」が語り手であるために松村の心理も、更に「私」の見ていないところでの行動も〈空所〉になっています。

このようなことを考えてみるのは、自分自身で創作をする際の入口の一つです。おそらく一般的に二次創作とかパロディと呼ばれるものになるわけですが、「二次」のつかない創作も過去の作品を読み、受け入れ、作りかえるところから始まるのです（詳しくは次章で「二銭銅貨」の元ネタである小説を題材に解説します）。ですから、「二銭銅貨」の〈空所〉を自由に埋めた次の段階としては、様々な視点から「二銭銅貨」を語り直してみる・書き直してみるということをお勧めします。もちろん、松村の視点からでもいいでしょうし、東京地図を貸してくれたという下宿のお上さんの視点でもいいかもしれません。そういえば、受講した学生の中には、外から二人を見ていた野良猫の視点から〈空所〉を埋めてきた学生もいましたね。

大学の実習の場合、他の学生がどのように書きかえたのかを知ることもできます。多くの学生が同じところに目を付けてよく似た感じで書きかえますが、一方で他の人とは違うところに注目してユニークな性格づけで書き直してみる人もいます。自分と他の人との目の付け所の違いを体感してもらうのは、小説を読む・書くことを学ぶ上でもいい機会です。本書を使って、自分一人でだけではなく、小説の好きな仲間と一緒に取り組んでみるのもいいでしょう。

課題

「二銭銅貨」を題材にして、原作では書かれていない登場人物の心理や、描かれていない場面を、登場人物を語り手にして書いてください。原作には登場しない人物を語り手にしてもかまいません。できれば千字以上が望ましいです。

「二銭銅貨」を題材にして書いた後は、更に応用として、他の小説で〈空所〉を探し埋めてみるというのもいいでしょう。たとえば、私の実習では志賀直哉「網走まで」（『白樺』一九一〇年四月号。ただし、現在文庫本などで読めるのは後に単行本に収録する際に書き改められたものです）と田山花袋「蒲団」（『新小説』一九〇七年九月号）を教材にしていました。前者は語り手というものが必ずしも信用できるものではないということをあらためて実感してもらうために、後者はいわゆる三人称の小説でも語り手が情報をコントロールして〈空所〉を作り出しているということを理解してもらうために取り上げています。どちらも日本近代文学史でも名前が出てくる有名な小説ですが、堅苦しく構えて読まずに、語り手に注目して読み、自分自身の創作の糧として、書きかえに挑んでみるのも面白いと思います。

第二章　小説の起源を遡る

テクスト

黄金虫

エドガー・アラン・ポー

Edgar Allan Poe

佐々木直次郎＝訳

『Philadelphia Dollar Newspaper』１８４３年

おや、おや！　こいつ気が狂ったみたいに踊っている。タラント蜘蛛《ぐも》に咬《か》まれたんだな。
『みんな間違い[1]』

もうよほど以前のこと、私はウィリアム・ルグラン君という人と親しくしていた。彼は古いユグノー[2]の一家の子孫で、かつては富裕であったが、うちつづく不運のためすっかり貧窮に陥っていた。その災難に伴う屈辱を避けるために、彼は先祖の代から住み慣れたニュー・オーリアンズ[3]の町を去って、南カロライナ州のチャールストンに近いサリヴァン島に住むことになった。

この島は非常に妙な島だ。ほとんど海の砂ばかりでできていて、長さは三マイルほどある。幅はどこでも四分の一マイルを超えない。水鶏《くいな》が好んで集まる、粘土《ねばつち》に蘆《あし》が一面に生い繁《しげ》ったところをじくじく流れる、ほとんど目につかないような小川で、本土から隔てられている。植物はもとより少なく、またあったにしてもとても小さなものだ。大きいというほどの樹木は一本も見あたらない。島の西端にはモールトリー要塞《ようさい》が[4]あり、また夏のあいだチャールストンの塵埃《じんあい》と暑熱とをのがれて来る人々の住むみすぼらしい木造の家が何軒かあって、その近くには、いかにもあのもしゃもしゃした棕櫚《しゅろ》の[5]林があるにはあった。しかしこの西端と、海岸の堅い白いなぎさの線とをのぞいては、島全体は、イギリスの園芸家たちの非常に珍重するあのかんばしい桃金嬢《マートル》の下生えでぎっしり蔽《おお》われているのだ。この灌木《かんぼく》は、ここではしばしば十五フィートから二十フィートの高さにもなって、ほとんど通り抜けられないくらいの叢《そう》林《りん》となって、あたりの大気をそのかぐわしい芳香でみたしている。

　この叢林のいちばん奥の、つまり、島の東端からあまり遠くないところに、ルグランは自分で小さな小屋を建てて、私がふとしたことから初めて彼と知りあったときには、そこに住んでいたのだった。私たちは間もなく親密になっていった。――というのは、この隠遁者《いんとんしゃ》には興味と尊敬の念とを起させるものが多分にあったからなのだ。私には、彼がなかなか教育があって、頭脳の力が非常にすぐれているが、すっかり人間嫌《ミザンスロピー》いになっていて、いま熱中したかと思うとたちまち憂鬱《ゆううつ》になるといった片意地な気分に陥りがちだ、ということがわかった。彼は書物はたくさん持っていたが、たまにしか読まなかった。主な楽しみといえば、銃猟や魚釣《さかなつ》り、あるいは貝殻《かいがら》や昆虫《こんちゅう》学の標本を捜しながら、なぎさを伝い桃金嬢の林のなかを通ってぶらつくことなどであった。[6]――その昆虫学の標本の蒐集《しゅうしゅう》は、スワンメルダムのような昆虫学者にも羨望《せんぼう》されるくらいのものだった。こういった遠出をする場合には、たいていジュピターという年寄りの黒人がおともをしていた。彼はルグラン家の零落する前に解放されていたのだが、若い「ウィル旦那《だんな》」のあとについて歩くことを自分の権利と考えて、おどかしても、すかしても、それをやめさせることができなかった。ことによったら、ルグランの親戚《しんせき》の者たちが、ルグランの頭が少し変なのだと思って、この放浪癖の男を監視し後見させるつもりで、ジュピターにそんな頑固《がんこ》さを教えこんでおいたのかもしれない。

　サリヴァン島のある緯度のあたりでは、冬でも寒さが非常にきびしいということはめったになく、秋には火がなくてはたまらぬというようなことはまったく稀《まれ》である。しかし、一八――年の十月のなかばごろ、ひどくひえびえする日があった。ちょうど日没前、私はあの常磐木《ときわぎ》のあいだをかきわけて友の小屋の方へ行った。その前三、四週間ほど私は彼を訪ねたことがなかった。――私の住居はそのころこの島から九マイル離れているチャールストンにあって、往復の便利は今日よりはずっとわるかった。小屋に着くと、いつも私の習慣にしているように扉《とびら》を叩《たた》いたが、なんの返事もないので、自分の知っている鍵《かぎ》の隠し場所を捜し、扉の錠をあけてなかへ入った。炉には気持のいい火があかあかと燃えていた。これは思いがけぬ珍しいものでもあり、また決してありがたからぬものでもなかった。私は外套《がいとう》を脱ぎすてると、ぱちぱち音をたてて燃えている丸太のそばへ肘掛椅子《ひじかけいす》をひきよせて、この家の主人たちの帰ってくるのを気長に待っていた。

　暗くなってから間もなく彼らは帰ってきて、心から私を歓迎してくれた。ジュピターは耳もとまで口をあけてにたにた笑いながら、晩餐《ばんさん》に水鶏を料理しようと忙しく立ち働いた。ルグランは例の熱中する発作――発作とでも言わなければほかになんと言おう？　――に罹《かか》っていた。彼は新しい種類の、世にまだ知られていない二枚貝を発見したのだが、そのうえまた、ジュピターの助けを借りて一匹の甲虫《かぶとむし》を追いつめて捕えたのだ。その甲虫を彼はまったく新しいものと信じていたが、それについてあす私の意見を聞きたいというのであった。

「で、なぜ今夜じゃいけないのかね？」と、私は火の上で両手をこすりながら尋ねた。甲虫なんぞはみんな悪魔に食われてしまえ、と心のなかで思いながら。

「ああ、君がここへ来ることがわかってさえいたらなあ！」とルグランが言った。「だがずいぶん長く会わなかったし、どうして今夜にかぎって訪ねてきてくれるってことがわかるもんかね？　僕は帰りみちで要塞のG――中尉《ちゅうい》に会って、まったくなんの考えもなしに、その虫を貸してやったんだ。だから君にはあすの朝まで見せるわけにはゆかんのだ。今晩はここで泊りたまえ。そしたら、日の出にジャップを取りにやらせるよ。そりゃあ実にすばらしいものだぜ！」

「何が？　――日の出がかい？」

「ばかな！　違うよ！　――その虫がさ。ぴかぴかした黄金色《こがねいろ》をしていて、――大きな胡桃《くるみ》の実ほどの大きさでね、――背中の一方の端近くに真っ黒な点が二つあり、もう一方のほうにはいくらか長いのが一つある、触角《アンテニー》は――」

「錫《ティン》なんてあいつにゃあちっとも入《へえ》っていねえんでがす、ウィル旦那。[7]わっしは前《めえ》から言ってるんでがすが」と、このときジュピターが口を出した。「あの虫はどこからどこまで、羽根だきゃあ別だが、外も中もすっかり、ほんとの黄金虫でさ。――生れてからあんな重てえ虫は持ったことがねえ」

「なるほど。としてもだな、ジャップ」とルグランは、その場合としては不必要なほどちょっと真面目《まじめ》すぎると思われるような調子で、答えた。「それがお前の鳥を焦《こ》がす理由になるのかな？　その色はね」とここで彼は私の方へ向いて、――「実際ジュピターの考えももっともだと言ってもいいくらいのものなんだ。あの甲から発するのよりももっとぴかぴかする金属性の光沢《つや》は、君だって見たことがあるまい。――が、これについちゃああすになるまでは君にはなんとも意見を下せないわけだ。それまでにまず、形だけはいくらか教えてあげることができるよ」こう言いながら、彼は小さなテーブルの前へ腰をかけたが、その上にはペンとインクとはあったけれども、紙はなかった。彼は引出しのなかを捜したが、一枚も見当らなかった。

「なあに、いいさ」ととうとう彼は言った。「これで間に合うだろう」と、チョッキのポケットから、ひどくよごれた大判洋紙《フールズキャップ》らしいもののきれっぱしを取り出して、その上にペンで略図を描いた。彼がそうしているあいだ、私はまだ寒けがするので、火のそばを離れずにいた。図ができあがると、彼は立ち上がらないで、それを私に手渡しした。それを受け取ったとき、高いうなり声が聞え、[8]つづいて扉をがりがりひっかく音がした。ジュピターが扉をあけると、ルグランの飼っている大きなニューファウンランド種の犬が跳びこんで来て、私の肩に跳びつき、しきりにじゃれついた。いままで私が訪ねて来たときにずいぶんかわいがってやっていたからなのだ。犬のふざけがすんでしまうと、私は例の紙を眺《なが》めたが、実を言えば友の描いたものを見て少なからず面くらったのであった。

「なるほどね！」と私は、数分間そいつをつくづく見つめた末に、言った。「こりゃあたしかに奇妙な甲虫だよ。僕には初めてだ。これまでにこんなものは見たことがない――頭蓋骨《ずがいこつ》か髑髏《どくろ》でなければね。僕のいままで見たもののなかでは、なによりもその髑髏に似ているよ」

「髑髏だって！」とルグランは鸚鵡返《おうむがえ》しに言った。――「うん、――そうだ、いかにも紙に描《か》いたところでは幾分そんな格好をしてるな、たしかに。上の方の二つの黒い点は、眼《め》のように見えるし、え、そうだろう？　それから下にある長いのは口に見えるし、――それに、全体の形が楕円形《だえんけい》だからね」

「たぶんそうだろう」と私は言った。「しかしだね、ルグラン、君は絵が上手じゃないねえ。とにかく、その虫の本物を見るまで待たなくちゃならん、どんなご面相をしているのか知ろうと思ったらね」

「そうかなあ」彼は少しむっとして言った。「僕はかなり描けるんだがね、――少なくとも描けなくちゃならんのだ、――いい先生に教わったんだし、自分じゃあそうひどい愚物でもないつもりなんだから」

「しかし、君、それじゃあ君は茶化しているんだよ」と私は言った。「こりゃあ、ちゃんとした普通の頭蓋骨だ。――実際、生理学上のこの部分に関する一般の考えにしたがえば、実に立派な頭蓋骨だと言ってもいいね。――そして君の甲虫というのが、もしこれに似てるのなら、それこそ珍無類の甲虫にちがいない。そうだな、この暗示《ヒント》でぞっとするような迷信が一つこさえられるぜ。きっと君はその虫を〔scarabœus caput hominis〕（人頭甲虫）とか、何かそういったような名をつけるだろうね。――博物学にはそういうような名前がたくさんあるからね。ところで、君の話したあの触角というのはどこにあるんだい？」

「触角！」とルグランが言った。彼はこの話題に奇妙に熱中しているようだった。「触角は君には見えるはずだと思うんだが。僕は、実物の虫についているとおりにはっきりと描いたんだし、それで十分だと思うんだがな」

「うん、そうかねえ」と私は言った。「きっと君は描いておいたんだろう、――でもやっぱり僕には見えない」そして、私は彼の機嫌《きげん》を損じないようにと、それ以上なにも言わないで、その紙を彼に渡した。が、私は形勢が一変してしまったのにはすっかり驚いた。彼の不機嫌には私も面くらったし、――それに、甲虫の図はと言えば、ほんとうに触角などはちっとも見えなくて、全体が髑髏の普通の絵にたしかにそっくりだったのだ。

　彼はひどく不機嫌に紙を受け取り、火のなかへ投げこむつもりらしく、それを皺《しわ》くちゃにしようとしたが、そのときふと図をちらりと見ると、とつぜんそれに注意をひきつけられたようであった。たちまち彼の顔は真っ赤になり、――それから真っ蒼《さお》になった。数分間、彼は坐《すわ》ったままその図を詳しく調べつづけていた。とうとう立ち上がると、テーブルから蝋燭《ろうそく》を取って、部屋のいちばん遠い隅《すみ》っこにある船乗りの衣類箱のところへ行って腰をかけた。そこでまた、紙をあらゆる方向にひっくり返してしきりに調べた。だが彼は一ことも口をきかなかった。そして彼の挙動は大いに私をびっくりさせた。それでも、私はなにか口を出したりしてだんだんひどくなってくる彼の気むずかしさをつのらせないほうがよいと考えた。やがて彼は上衣《うわぎ》のポケットから紙入れを取り出して、例の紙をそのなかへ丁寧にしまいこみ、それを書机《ライティング・デスク》のなかに入れて、錠をかけた。彼の態度は今度はだんだん落ちついてきた。が最初の熱中しているような様子はまったくなくなっていた。それでも、むっつりしているというよりも、むしろ茫然《ぼうぜん》としているようだった。夜が更《ふ》けるにしたがって彼はますます空想に夢中になってゆき、私がどんな洒落《しゃれ》を言ってもそれから覚ますことができなかった。私は前にたびたびそこに泊ったことがあるので、その夜も小屋に泊るつもりだったが、なにしろ主《あるじ》がこんな機嫌なので、帰ったほうがいいと思った。彼は強《し》いて泊って行けとは言わなかったが、別れるときには、いつもよりももっと心をこめて私の手を握った。

　それから一カ月ばかりもたったころ（そのあいだ私はルグランにちっとも会わなかった）、彼の下男のジュピターが私をチャールストンに訪ねて来た。私は、この善良な年寄りの黒人がこんなにしょげているのを、それまでに見たことがなかった。で、なにかたいへんな災難が友の身に振りかかったのではなかろうかと気づかった。

「おい、ジャップ」と私が言った。「どうしたんだい？　――旦那はどうかね？」

「へえ、ほんとのことを申しますと、旦那さま、うちの旦那はあんまりよくねえんでがす」

「よくない！　それはほんとに困ったことだ。どこが悪いと言っているのかね？」

「それ、そこがですよ！　どこも悪《わり》いと言っていらっしゃらねえだが、――それがてえへん病気なんでがす」

「たいへん病気だって！　ジュピター。――なぜお前はすぐそう言わないんだ？　床《とこ》に寝ているのかい？」

「いいや、そうでねえ！　――どこにも寝ていねえんで、――そこが困ったこって、――わっしは可哀《かえ》えそうなウィル旦那のことで胸がいっぺえになるんでがす」

「ジュピター、もっとわかるように言ってもらいたいものだな。お前は旦那が病気だと言う。旦那はどこが悪いのかお前に話さないのか？」

「へえ、旦那さま、あんなこって気が違うてなぁ割に合わねえこってがすよ。――ウィル旦那はなんともねえって言ってるが、――そんならなんだって、頭を下げて、肩をつっ立って、幽霊みてえに真っ蒼になって、こんな格好をして歩きまわるだかね？　それにまた、しょっちゅう計算してるんで――」

「なにをしているって？　ジュピター」

「石盤に数字を書いて計算してるんでがす、――わっしのいままで見たことのねえ変てこな数字でさ。ほんとに、わっしはおっかなくなってきましただ。旦那のすることにゃあしっかり眼を配ってなけりゃなんねえ。こねえだも、夜の明けねえうちにわっしをまいて、その日一日《いちんち》いねえんでがす。わっしは、旦那が帰《けえ》って来たらしたたかぶん殴ってくれようと思って、でっけえ棒をこせえときました。――だけど、わっしは馬鹿《ばか》で、どうしてもそんな元気が出ねえんでがす。――旦那があんまり可哀《かえ》えそうな様子をしてるで」

「え？　――なんだって？　――うん、そうか！　――まあまあ、そんなかわいそうな者にはあんまり手荒なことをしないほうがいいと思うな。――折檻《せっかん》したりなんぞしなさんな、ジュピター。――そんなことをされたら旦那はとてもたまるまいからね。

――だが、どうしてそんな病気に、というよりそんな変なことをするように、なったのか、お前にはなにも思い当らないのかね？　この前僕がお前んとこへ行ってからのち、なにか面白くないことでもあったのかい？」

「いいや、旦那さま、あれからあとにゃあなんにも面白くねえことってごぜえません。――そりゃあああれより前のこったとわっしは思うんでがす。――あんたさまがいらっしゃったあの日のことで」

「どうして？　なんのことだい？」

「なあに、旦那さま、あの虫のこってがすよ、――それ」

「あの何だって？」

「あの虫で。――きっと、ウィル旦那はあの黄金虫に頭のどっかを咬《か》まれたんでがす」

「と思うような理由があるのかね？　ジュピター」

「爪《つめ》も、口もありんでがすよ、旦那さま。わっしはあんないまいましい虫あ見たことがねえ。――そばへ来るもんはなんでもみんな蹴《け》ったり咬みついたりするんでさ。ウィル旦那が初めにつかまえただが、すぐにまたおっ放《ぱな》さなけりゃなんなかっただ。――そんときに咬まれたにちげえねえ。わっしは自分じゃああの虫の口の格好が気に食わねえんで、指では持ちたくねえと思って、めっけた紙っきれでつかまえましただ。紙に包んでしまって、その紙っきれの端をそいつの口に押しこんでやりましただ、――そんなぐあいにやったんでがす」

「じゃあ、お前は旦那がほんとうにその甲虫に咬まれて、それで病気になったのだと思うんだな？」

「そう思うんじゃごぜえません、――そうと知ってるんでがす。あの黄金虫に咬まれたんでなけりゃあ、どうしてあんなにしょっちゅう黄金《こがね》の夢をみてるもんかね？　わっしは前《めえ》にもあんな黄金虫の話を聞いたことがありますだ」

「しかし、どうして旦那が黄金の夢をみているということがお前にわかるかね？」

「どうしてわかるって？　そりゃあ、寝言にまでそのことを言ってなさるからでさ、――それでわかるんでがす」

「なるほど、ジャップ。たぶんお前の言うとおりかもしれん。だが、きょうお前がここへご入来《じゅらい》になったのは、どんなご用なのかな？」

「なんでごぜえます？　旦那さま」

「お前はルグラン君からなにか伝言《ことづけ》を言いつかってきたのかい？」

「いいや、旦那さま、この手紙を持ってめえりましただ」と言ってジュピターは次のような一通の手紙を私に渡した。


「拝啓。どうして君はこんなに長く訪ねに来てくれないのか？　僕のちょっとした無愛想《ブリュスクリー》などに腹を立てるような馬鹿な君ではないと思う。いや、そんなことはあるはずがない。

　この前君に会ってから、僕には大きな心配事ができている。君に話したいことがあるのだが、それをどんなぐあいに話していいか、あるいはまた話すべきかどうかも、わかり兼ねるのだ。

　僕はこの数日来あまりぐあいがよくなかったが、ジャップめは好意のおせっかいからまるで耐えがたいくらいに僕を悩ませる。君は信じてくれるだろうか？　――彼は先日、大きな棒を用意して、そいつで、僕が彼をまいて一人で本土の山中にその日を過したのを懲《こ》らそうとするのだ。僕が病気のような顔つきをしていたばかりにその折檻をまぬかれたのだと、僕はほんとうに信じている。

　この前お目にかかって以来、僕の標本棚《ひょうほんだな》にはなんら加うるところがない。

　もしなんとかご都合がついたら、ジュピターと同道にて来てくれたまえ。ぜひ来てくれたまえ。重大な用件について、今晩お目にかかりたい。もっとも重大な用件であることを断言する。

敬具
ウィリアム・ルグラン」

　この手紙の調子にはどこか私に非常な不安を与えるものがあった。全体の書きぶりがいつものルグランのとはよほど違っている。いったい彼はなにを夢想しているのだろう？　どんな変な考えが新たに彼の興奮しやすい頭にとっついたのだろう？　どんな「もっとも重大な用件」を彼が処理しなければならんというのだろう？　ジュピターの話の様子ではどうもあまりいいことではなさそうだ。私はたび重なる不運のためにとうとう彼がまったく気が狂ったのではなかろうかと恐れた。だから、一刻もぐずぐずしないで、その黒人と同行する用意をした。

波止場へ着くと、一梃《ちょう》の大鎌《おおがま》と三梃の鋤《すき》とが我々の乗って行こうとするボートの底に置いてあるのに気がついた。どれもみな見たところ新しい。

「これはみんなどうしたんだい？　ジャップ」と私は尋ねた。

「うちの旦那《だんな》の鎌と鋤でがす、旦那さま」

「そりゃあそうだろう。が、どうしてここにあるんだね？」

「ウィル旦那がこの鎌と鋤を町へ行って買って来いってきかねえんでがす。眼の玉がとび出るほどお金《あし》を取られましただ」

「しかし、いったいぜんたい、お前のところの『ウィル旦那』は鎌や鋤なんぞをどうしようというのかね？」

「そりゃあわっしにゃあわからねえこってさ。また、うちの旦那にだってやっぱしわかりっこねえにちげえねえ。だけど、なんもかもみんなあの虫のせえでがすよ」

ジュピターは「あの虫」にすっかり自分の心を奪われているようなので、彼にはなにをきいても満足な答えを得られるはずがないということを知って、私はそれからボートに乗りこみ、出帆した。強い順風をうけて間もなくモールトリー要塞《ようさい》の北の小さい入江に入り、そこから二マイルほど歩くと小屋に着いた。着いたのは午後の三時ごろだった。ルグランは待ちこがれていた。彼は私の手を神経質な熱誠《アンプレスマン》をこめてつかんだので、私はびっくりし、またすでにいだいていたあの疑念を強くした。彼の顔色はもの凄《すご》いくらいにまで蒼白《あおじろ》く、深くくぼんだ眼はただならぬ光で輝いていた。彼の健康について二こと三こと尋ねてから、私は、なにを言っていいかわからなかったので、G――中尉《ちゅうい》からもう例の甲虫《かぶとむし》を返してもらったかどうかと尋ねた。

「もらったとも」彼は顔をさっと真っ赤にして答えた。「あの翌朝返してもらったんだ。もうどんなことがあろうと、あの甲虫を手放すものか。君、あれについてジュピターの言ったことはまったくほんとなんだぜ」

「どんな点がかね？」私は悲しい予感を心に感じながら尋ねた。

「あれをほんとうの黄金でできている虫だと想像し

た点がさ」彼はこの言葉を心から真面目《まじめ》な様子で言ったので、私はなんとも言えぬほどぞっとした。

「この虫が僕の身代をつくるのだ」と彼は勝ち誇ったような微笑を浮べながら言いつづけた。「僕の先祖からの財産を取り返してくれるのだ。とすると、僕があれを大切にするのも決して不思議じゃあるまい？　運命の神があれを僕に授けようと考えたからには、僕はただそれを適当に用いさえすればいいのだ。そうすればあれが手引きとなって僕は黄金のところへ着くだろうよ。ジュピター、あの甲虫を持ってきてくれ！」

「えっ！　あの虫でがすか？　旦那。わっしはあの虫に手出ししたかあごぜえません、――ご自分で取りにいらっせえ」そこでルグランは真面目な重々しい様子で立ち上がり、甲虫の入れてあるガラス箱からそれを持ってきてくれた。それは美しい甲虫で、またその当時には博物学者にも知られていないもので、――むろん、科学的の見地から見て大した掘出し物だった。背の一方の端近くには円い、黒い点が二つあり、もう一方の端近くには長いのが一つある。甲は非常に堅く、つやつやしていて、見たところはまったく磨《みが》きたてた黄金のようであった。この虫の重さも大したもので、すべてのことを考え合せると、ジュピターがああ考えるのをとがめるわけにはゆかなかった。しかし、ルグランまでがジュピターのその考えに同意するのはなんと解釈したらいいか、私にはどうしてもわかりかねた。

「君を迎えにやったのはね」と彼は、私がその甲虫を調べてしまったとき、大げさな調子で言った。「君を迎えにやったのは、運命の神とこの甲虫との考えを成功させるのに、君の助言と助力とを願いたいと思って――」

「ねえ、ルグラン君」私は彼の言葉をさえぎって大声で言った。「君はたしかにぐあいがよくない。だから少し用心したほうがいいよ。寝たまえ。よくなるまで、僕は二、三日ここにいるから。君は熱があるし――」

「脈をみたまえ」と彼は言った。

私は脈をとってみたが、実のところ、熱のありそうな様子はちっともなかった。

「しかし熱はなくても病気かもしれないよ。まあ、今度だけは僕の言うとおりにしてくれたまえ。第一に寝るのだ。次には——」

「君は思い違いをしている」と彼は言葉をはさんだ。「僕はいま罹《かか》っている興奮状態ではこれで十分健康なのだ。もし君がほんとうに僕の健康を願ってくれるなら、この興奮を救ってくれたまえ」

「というと、どうすればいいんだい？」

「わけのないことさ。ジュピターと僕とはこれから本土の山のなかへ探検に行くんだが、この探検には誰か信頼できる人の助けがいる。君は僕たちの信用できるただ一人なのだ。成功しても失敗しても、君のいま見ている僕の興奮は、とにかく鎮《しず》められるだろう」

「なんとかして君のお役に立ちたいと思う」と私は答えた。「だが、君はこのべらぼうな甲虫が君の探検となにか関係があるとでも言うのかい？」

「あるよ」

「じゃあ、ルグラン、僕はそんなばかげた仕事の仲間入りはできない」

「それは残念だ、——実に残念だ。——じゃあ僕ら二人だけでやらなくちゃあならない」

「君ら二人だけでやるって！　この男はたしかに気が違っているぞ！　——だが待ちたまえ、——君はどのくらいのあいだ留守にするつもりなんだ？」

「たぶん一晩じゅうだ。僕たちはいまからすぐ出発して、ともかく日の出ごろには戻って来られるだろう」

「では君は、この君の酔狂がすんでしまって、甲虫一件がだ（ちぇっ！）、君の満足するように落着したら、そのときは家へ帰って、医者の勧告と同じに僕の勧告に絶対にしたがう、ってことを、きっと僕に約束するかね？」

「うん、約束する。じゃあ、すぐ出かけよう。一刻もぐずぐずしちゃあおられないんだから」

気が進まぬながら私は友に同行した。我々は四時ごろに出発した、——ルグランと、ジュピターと、犬と、私とだ。ジュピターは大鎌と鋤とを持っていたが、——それをみんな自分で持って行くと言い張って肯《き》かなかったのは、過度の勤勉や忠実からというよりも、そのどちらの道具でも主人の手のとどくところに置くことを恐れるかららしく、私には思われた。彼の態度はひどく頑固《がんこ》で、みちみち彼の唇《くちびる》をもれるのは「あのいまいましい虫めが」という言葉だけであった。私はというと龕灯《がんどう》[9]を二つひきうけたが、ルグランは例の甲虫だけで満足していて、それを鞭索《むちなわ》の端にくくりつけ、歩きながら手品師のような格好でそいつをくるくる振りまわしていた。私は友の気のふれていることのこの最後の明白な証拠を見たときには、どうにも涙をとめることのできないくらいであった。しかし、少なくとも当分のあいだは、あるいは成功の見込みのありそうななにかもっと有力な手段をとることができるまでは、彼のしたいままにさせておくのがいちばんいい、と考えた。一方、探検の目的について彼にさぐりを入れてみたが、まるで駄目《だめ》だった。私をうまく同行させることができたので、彼はさして重要でない問題など話したくないらしく、なにを尋ねても「いまにわかるさ！」としか返事をしてくれなかった。

我々は島のはずれの小川を小舟で渡り、それから本土の海岸の高地を登って、人の通らない非常に荒れはてた寂しい地域を、北西の方向へと進んだ。ルグランは決然として先頭に立ってゆき、ただ自分が前に来たときにつけておいた目標らしいものを調べるために、ところどころでほんのちょっとのあいだ立ち止るだけだった。

こんなふうにして我々は約二時間ほど歩き、ちょうど太陽が沈みかけたときに、いままでに見たどこよりもずっともの凄い地帯へ入ったのであった。そこは一種の高原で、ほとんど登ることのできない山の頂上近くにあった。その山は麓《ふもと》から絶頂まで樹木がぎっしり生えていて、ところどころに巨岩が散らばっていて、その岩は地面の上にただごろごろころがっているらしく、たいていはよりかかっている樹木に支えられて、やっと下の谷底へ転落しないでいるのだ。さまざまな方向に走っている深い峡谷は、あたりの風景にいっそう凄然《せいぜん》とした森厳の趣をそえているのであった。

我々のよじ登ったこの天然の高台には茨《いばら》が一面を蔽《おお》っていて、大鎌がなかったらとても先へ進むことができまいということがすぐわかった。ジュピターは主人の指図によって、途方もなく高い一本のゆりの木の根もとまで、我々のために道を切りひらきはじめた。そのゆりの木というのは八本から十本ばかりの樫《かし》の木とともにこの平地に立っていて、その葉や形の美しいこと、枝の広くひろがっていること、外観の堂々たることなどの点では、それらの樫の木のどれよりも、また私のそれまでに見たどんな木よりも、はるかに優《まさ》っているのであった。我々がこの木のところへ着いたとき、ルグランはジュピターの方へ振り向いて、この木によじ登れると思うかどうかと尋ねた。老人はこの問いにちょっとためらったようで、しばらくのあいだは返事をしなかった。とうとうその大きな幹に近づいて、まわりをゆっくり歩きまわって、念入りにそれを調べた。すっかり調べおえると、ただこう言った。

「ええ、旦那、ジャップの見た木で登れねえってえのはごぜえません」

「そんならできるだけ早く登ってくれ。じきに暗くなって、やることが見えなくなるだろうから」

「どこまで登るんですか？　旦那」とジュピターが尋ねた。

「まず大きい幹を登るんだ。そうすれば、どっちへ行くのか言ってやるから。——おい、——ちょっと待て！　この甲虫を持ってゆくんだ」

「虫でがすかい！　ウィル旦那。——あの黄金虫でがすかい！」とその黒人は恐ろしがって尻込《しりご》みしながら叫んだ。——「なんだってあんな虫を木の上まで持って上がらにゃなんねえでがす？　——わっしゃあそんなこと、まっぴらだあ！」

「ジャップ、お前が、お前みたいな大きな丈夫な黒んぼが、なにもしない、小さな、死んだ甲虫を持つのが怖いんならばだ、まあ、この紐《ひも》につけて持って行ってもいいさ。——だが、なんとかしてこいつを持って行かないんなら、仕方がないからおれはこのシャベルでお前の頭をたたき割らねばなるまいて」

「なんでごぜえます？　旦那」ジャップはいかにも恥ずかしがって承知しながら、言った。「しょっちゅう年寄りの黒んぼを相手に喧嘩《けんか》してばかりさ。ちょっと冗談を言っただけでがすよ。わっしがあの虫を怖がるって！　あんな虫ぐれえ、なんとも思うもんかねえ？」そう言って彼は用心深く紐のいちばん端をつかみ、できるだけ虫を自分の体から遠くはなして、木に登る用意をした。

アメリカの森林樹のなかでもっとも荘厳なゆりの木、つまり Liriodendron Tulipiferum（訳注「ゆりの木」の学名）は、若木のときには、幹が奇妙になめらかで、横枝を出さずにしばしば非常な高さにまで生長する。

しかし、年をとるにつれて、樹皮が瘤《こぶ》だらけになり、凹凸《おうとつ》ができる一方、たくさんの短い枝が幹にあらわれるのである。だから、いまの場合、よじ登る困難は、実際は見かけほどひどくないのであった。大きな円柱形の幹を両腕と両膝《りょうひざ》とでできるだけしっかり抱き、手でどこかとび出たところをつかんで、素足の指を別のにかけながら、ジュピターは、一、二度落ちそうになったのをやっとまぬかれたのち、とうとう最初の大きな樹《き》の股《また》のところまで這《は》い登ってゆき、もう仕事は実質的にはすっかりすんでしまったと考えたらしかった。地上から約六、七十フィートばかり登ったのではあるけれど、木登りの危険は事実もう去ったのだ。

「今度はどっちへ行くんでがす？　ウィル旦那」と彼は尋ねた。

「やっぱりいちばん大きな枝を登るんだ、——こっち側のだぞ」とルグランが言った。黒人はすぐその言葉にしたがって、なんの苦もなさそうに、だんだん高く登ってゆき、とうとう彼のずんぐりした姿は、そのまわりの茂った樹の葉のあいだから少しも見えなくなってしまった。やがて彼の声が、遠くから呼びかけるように聞えてきた。

「まだどのくれえ登るんでがすかい？」

「どれくらい登ったんだ？」とルグランがきいた。

「ずいぶん高うがす」と黒人が答えた。「木のてっぺんの隙間《すきま》から空が見えますだ」

「空なんかどうでもいい。がおれの言うことをよく聞けよ。幹の下の方を見て、こっち側のお前の下の枝を勘定してみろ。いくつ枝を越したか？」

「一つ、二つ、三つ、四つ、五つ、——五つ越しましただ、旦那、こっち側ので」

「じゃあもう一つ枝を登れ」

しばらくたつとまた声が聞えて、七本目の枝へ着いたと知らせた。

「さあ、ジャップ」とルグランは、明らかに非常に興奮して、叫んだ。「その枝をできるだけ先の方まで行ってくれ。なにか変ったものがあったら、知らせるんだぞ」

このころには、哀れな友の発狂について私のいだいていたかすかな疑いも、とうとうまったくなくなってしまった。彼は気がふれているのだと断定するよりほかなかった。そして彼を家へ連れもどすことについて、本気に気をもむようになった。どうしたらいちばんいいだろうかと思案しているうちに、ジュピターの声が聞えてきた。

「この枝をうんと先の方までゆくのは、おっかねえこってがす。ずっと大概《てえげえ》枯枝でがすよ」

「枯枝だと言うのかい？　ジュピター」とルグランは震え声で叫んだ。

「ええ、旦那、枯れきってまさ、――たしかに参《めえ》ってますだ、――この世からおさらばしてますだ」

「こいつあいったい、どうしたらいいだろうなあ？」とルグランは、いかにも困りきったらしく、言った。

「どうするって！」と私は、口を出すきっかけができたのを喜びながら、言った。「うちへ帰って寝るのさ。さあさあ！　――そのほうが利口だ。遅くもなるし、それに、君はあの約束を覚えてるだろう」

「ジュピター」と彼は、私の言うことには少しも気をとめないで、どなった。「おれの言うことが聞えるか？」

「ええ、ウィル旦那《だんな》、はっきり聞えますだ」

「じゃあ、お前のナイフで木をよっくためして、ひどく腐ってるかどうか見ろ」

「腐ってますだ、旦那、やっぱし」としばらくたってから黒人が答えた。「だけど、そんなにひどく腐ってもいねえ。わっしだけなら、枝のもう少し先まで行けそうでがすよ、きっと」

「お前だけならって！　そりゃあどういうことなんだ？」

「なあに、虫のこってがすよ。とっても重てえ虫でさ。こいつを先に落せば、黒んぼ一人ぐれえの重さだけにゃあ、枝は折れますめえ」

「このいまいましい馬鹿《ばか》野郎！」とルグランは、よほどほっとしたような様子で、どなった。「なんだってそんなくだらんことを言うんだ？　その甲虫を落したが最後、お前のくびをへし折ってくれるぞ。こら、ジュピター！　おれの言うことが聞えるか？」

「聞えますだ、旦那。かわいそうな黒んぼにそんなふうにどならなくてもようがすよ」

「よしよし！　じゃあよく聞け！　――もしお前が、その甲虫を放さないで、危なくないと思うところまでその枝をずっと先の方へ行くなら、降りて来たらすぐ、一ドル銀貨をくれてやるぞ」

「いま行ってるところでがす、ウィル旦那、――ほんとに」と黒人はすばやく答えた。――「もうおおかた端っこのとこでさ」

「端っこのところだって！」と、そのときルグランはまったく金切り声をたてた。「お前はその枝の端っこのところまで行ったと言うのか？」

「もうじき端っこでがすよ。旦那。――わあ！　おったまげただ！　木の上のここんとこにあるのあ、な、ん、だ、ろ、う？」

「よしよし！」ルグランは非常に喜んで叫んだ。「そりゃあなんだ？」

「なあに、髑髏《しゃれこうべ》でごぜえますよ。――誰か木の上に自分の頭を置いて行ったんで、鴉《からす》がその肉をみんなくらってしまったんでがす」

「髑髏だと言ったな！　――上等上等！　――それはどうして枝に結びつけてあるかい？　――なんでとめてあるかい？」

「なるほど、旦那。見やしょう。やあ、こりゃあたしかになんと不思議なこった。――髑髏のなかにゃでっけえ釘《くぎ》があって、それで木にくっついてますだ」

「よし、ジュピター、おれの言うとおりにするんだぞ。――わかるか？」

「ええ、旦那」

「じゃあ、よく気をつけろ！　――髑髏の左の眼《め》を見つけるんだ」

「ふうん！　へえ！　ようがす！　ええっと、眼なんてちっとも残っていねえんでがすが」

「このまぬけめが！　お前は自分の右の手と左の手の区別を知ってるか？」

「ええ、そりゃあ知ってますだ、――よく知ってますだ、――わしが薪《まき》を割るのが左の手でがす」

「なるほど！　お前は左ききだっけな。で、お前の左の眼は、お前の左の手と同じ方にあるんだぞ。とすると、お前にゃあ髑髏の左の眼が、というのはもと左の眼のあったところだが、わかるだろう。見つけたか？」

　ここで長い合間があった。とうとう黒人が尋ねた。

「髑髏の左の眼もやっぱり髑髏の左の手と同じ側にあるんでがすかい？　――でも髑髏にゃあ手なんてちっともねえだ。――なあに、かまわねえ！　いま、左の眼を見つけましただ。――ここが左の眼だ！これをどうするんでがすかい？」

「そこから甲虫《かぶとむし》を通しておろすんだ。紐ののばせるだけな。――だが、気をつけてつかんでいる紐をはなさんようにするんだぞ」

「すっかりやりましただ、ウィル旦那。この穴から虫を通すなあわけのねえこっでさあ。――下から見てくだせえ！」

この会話のあいだじゅう、ジュピターの体は少しも見えなかった。が、彼のおろした甲虫は、いま、紐の端に見えてきて、我々の立っている高台をまだほのかに照らしている落陽の名残の光のなかに、磨《みが》きたてた黄金の球のようにきらきら輝いていた。甲虫はどの枝にもひっかからないでぶら下がっていて、落せば我々の足もとへ落ちて来たろう。ルグランはすぐに大鎌《おおがま》を取り、それで虫の真下に直径三、四ヤードの円い空地を切りひらき、それをやってしまうと、ジュピターに紐をはなして木から降りて来いと命じた。

ちょうどその甲虫の落ちた地点に、すこぶる精確に杭《くい》を打ちこむと、友は今度はポケットから巻尺を取り出した。それの一端を杭にいちばん近いその木の幹の一点に結びつけてから、彼はそれを杭にとどくまでのばし、そこからさらに、木と杭との二点でちゃんと確定された方向に、五十フィートの距離までのばした。――そのあいだをジュピターが大鎌で茨を刈り取る。こうして達した地点に第二の杭が打ちこまれ、それを中心にして直径四ヤードばかりのぞんざいな円が描かれた。それからルグランは、自分で一梃《ちょう》の鋤《すき》を取り、ジュピターに一梃、私に一梃渡して、できるだけ速く掘りにかかってくれと頼んだ。

実を言うと、私はもともとこんな道楽には特別の趣味を持っていなかったし、ことにそのときには進んで断わりたかったのだ。というのは、だんだん夜は迫って来るし、それにこれまでの運動でずいぶん疲れてもいたから。しかし、のがれる方法もなかったし、また拒絶してかわいそうな友の心の平静をみだしたりすることを恐れた。もしジュピターの助けをほんとに頼りにできるなら、私はさっそくこの狂人を無理にも連れて帰ろうとしたろう。だが、その年寄りの黒人の性質を十分にのみこんでいるので、私が彼の主人と争うようなときには、どんな場合にしろ、私に味方をしてくれようとは望めないのであった。私は、ルグランが金《かね》が埋められているというあの南部諸州に無数にある迷信のどれかにかぶれていて、また例の甲虫を発見したことのために、あるいはおそらくジュピターがそれをしきりに「ほんとうの黄金でできている虫」だと言い張ったことのために、彼の空想がいよいよ強められているのだ、ということを疑わなかった。いったい、発狂しやすい人間というものはそういう暗示には造作なくかかりがちなもので、ことにそれが前から好んで考えていることと一致する場合にはなおさらである。それから私はこの気の毒な男が甲虫を「自分の身代の手引き」だと言ったことを思い出した。とにかく、私はむしょうにいらいらし、また途方に暮れた。が、しまいにはとうとう、やむを得ぬことと諦《あきら》めて気持よくやろう――本気で掘って、そうして早くこの空想家に目《ま》のあたり証拠を見せつけて、彼のいだいている考えのまちがっていることを納得させてやろう――と心に決めたのであった。

角灯に火をつけて、我々一同は、こんなことよりはもっとわけのわかった事がらにふさわしいような熱心さをもって仕事にとりかかった。そして、火影が我々の体や道具を照らしたとき、私は、我々がどんなに絵のような一群をなしているだろう、また、偶然に我々のいるところを通りかかる人があったら、その人には我々のやっていることがどんなにか奇妙にも、おかしくも見えるにちがいない、ということを考えないではいられなかった。

二時間のあいだ我々は脇目《わきめ》もふらずに掘った。ほとんどものも言わなかった。いちばん困ったことは犬のきゃんきゃん啼《な》きたてることだった。犬は我々のしていることを非常に面白がっているのだ。しまいにはそれがあまり騒々しくなったので、誰か付近をうろついている者どもに聞きとがめられはしまいかと気づかった。――いや、もっと正確に言えば、これはルグランの気がかりであったのだ。――なぜなら、私としては、どんな邪魔でも入ってこの放浪者を連れかえることができるならむしろ喜んだろうから。とうとう、そのやかましい声をジュピターがたいへんうまく黙らせてしまった。彼は、いかにもしかつめらしく考えこんだような様子をしながら穴から出て、自分の片方のズボン吊りで犬の口をしばりあげ、それから低くくすくす笑《つ》いながら、また自分の仕事にかかった。

その二時間がたってしまうと、我々は五フィートの深さに達したけれども、やはり宝などのあらわれて来そうな様子もなかった。一同はそれからちょっと休んだ。そして私はこの茶番狂言もいよいよおしまいになればいいがと思いはじめた。しかしルグランは、明らかにひどく面くらってはいたけれど、もの思わしげに額をぬぐうと、またふたたび鋤を取りはじめた。それまでに我々は直径四フィートの全円を掘ってしまっていたのだが、今度は少しその範囲を大きくし、さらに二フィートだけ深く掘った。それでもやはりなにもあらわれて来なかった。あの黄金探索者は、私は心から彼を気の毒に思ったが、とうとう、顔一面にはげしい失望の色を浮べながら穴から這い上がり、仕事を始めるときに脱ぎすてておいた上衣《うわぎ》を、のろのろといやいやながら着はじめた。そのあいだ私はなにも言わなかった。ジュピターは主人の合図で道具を寄せはじめた。それがすんでしまい、犬の口籠《くつご》をはずしてやると、我々は黙りこくって家路へとついた。

その方向へたしか十歩ばかり歩いたとき、ルグランは大きな呪《のろ》いの声をあげながら、ジュピターのところへ大股につかつかと歩みより、彼の襟頸《えりくび》をひっつかんだ。びっくりした黒人は眼と口とをできるだけ大きく開き、鋤を落して、膝をついた。

「この野郎！」ルグランは食いしばった歯のあいだから一こと一ことを吐き出すように言った。——「このいまいましい黒んぼの悪党め！——さあ、言え！——おれの言うことにいますぐ返事をしろ、ごまかさずに！——どっちが——どっちがお前の左の眼だ？」

「ひぇっ！ ご免くだせえ、ウィル旦那。こっちがたしかにわっしの左の眼でがしょう？」とどぎもを抜かれたジュピターは、自分の右の眼に手をあてて、主人がいまにもそれをえぐり取りはしないかと恐れるように、必死になってその眼をおさえながら、叫んだ。

「そうだろうと思った！——おれにゃあわかっていたんだ！ しめたぞ！」とルグランはわめくと、黒人を突きはなして、つづけざまに跳び上がったりくるくるまわったりしたので、下男はびっくり仰天して、立ち上がりながら、無言のまま主人から私を、また私から主人をと眺《なが》めかえした。

「さあ！　あともどりだ」とルグランは言った。

「まだ勝負はつかないんだ」そして彼はふたたび先に立って、あのゆりの木の方へ行った。

「ジュピター」と、我々がその木の根もとのところへ来ると、彼は言った。「ここへ来い！　髑髏は顔を外にして枝に打ちつけてあったか、それとも顔を枝の方へ向けてあったか？」

「顔は外へ向いていましただ、旦那。だから鴉は造作なく眼を突っつくことができたんでがす」

「よし。じゃあ、お前が甲虫を落したのは、こっちの眼からか、それともそっちの眼からか？」――と言いながら、ルグランは、ジュピターの両方の眼に一つ一つ触ってみせた。

「こっちの眼でがす、旦那。――左の眼で、あんたさまのおっしゃったとおりに」と言って黒人の指したのは彼の右の眼だった。

「それでよし。――もう一度やり直しだ」

こうなると、私は友の狂気のなかにもなにかある

方法らしいもののあることがわかった。あるいは、わかったような気がした。彼は甲虫の落ちた地点を標示する例の杭を、もとの位置から三インチばかり西の方へ移した。それから、前のように巻尺を幹のいちばん近い点から杭までひっぱり、それをさらに一直線に五十フィートの距離までのばして、さっき掘った地点から数ヤード離れた場所に目標を立てた。

その新しい位置の周囲に、前のよりはいくらか大きい円を描き、ふたたび我々は鋤を持って仕事にとりかかった。私はおそろしく疲れていた。が、なにがそういう変化を自分の気持に起させたのかちっともわからなかったけれど、もう課せられた労働が大して厭《いや》ではなくなった。私は奇妙に興味を感じてきた。――いや、興奮をさえ感じてきた。おそらく、ルグランのすべての突飛な振舞いのなかには、なにかあるもの――なにか先見とか熟慮とかいったような様子――があって、それが私の心を動かしたのであろう。私は熱心に掘った。そしてときどき、期待に似たようなある心持で、不幸な友を発狂させたあの空想の宝を、実際に待ちうけている自分に、ふと気がつくことがあった。そういう妄想《もうそう》がすっかり私

の心をとらえていたとき、そして掘りはじめてからたぶん一時間半もたったころ、我々はふたたび犬のはげしく吠《ほ》える声に邪魔された。前に犬が騒ぎたてたのはあきらかにふざけたがりか気まぐれからであったが、今度ははげしい真剣な調子だった。ジュピターがまた口籠をかけようとすると、犬ははげしく抵抗し、穴のなかへ跳びこんで、狂ったように爪《つめ》で土をひっかいた。そして数秒のうちに、一塊の人骨を掘り出したが、それは二人分の完全な骸骨《がいこつ》をなすもので、数個の金属性のボタンと、毛織物の腐って塵《ちり》になったのらしく見えるものとが、それにまじっていた。鋤を一、二度打ちこむと、大きなスペイン短剣《ナイフ》の刀身がひっくり返って出た。それからさらに掘ると、ばらばらの金貨や銀貨が三、四枚あらわれた。

これを見ると、ジュピターの喜びはほとんど抑えきれぬくらいだった。が、彼の主人の顔はひどい失望の色を帯びた。しかし、彼はもっと努力をつづけてくれと我々を励ましたが、その言葉が言い終るか終らぬうちに、私はつまずいてのめった。自分の長《なが》靴《ぐつ》の爪先《つまさき》を、ばらばらの土のなかに半分埋まっていた大きな鉄の鐶《かん》にひっかけたのだ。

我々はいまや一所懸命に掘った。そして私はかつてこれ以上に強烈な興奮の十分間を過したことがない。その十分間に、我々は一つの長方形の木製の大箱をすっかり掘り出したのだ。この箱は、それが完全に保存されていることや、驚くべき堅牢《けんろう》さを持っていることなどから考えると、明らかになにかある鉱化作用——たぶん塩化第二水銀の鉱化作用——をほどこされているのであった。長さは三フィート半、幅は三フィート、深さは二フィート半あった。鍛鉄《たんてつ》の箍《たが》でしっかりと締め、鋲《びょう》を打ってあって、全体に一種の格子《こうし》細工をなしている。箱の両側の、上部に近いところに、鉄の鐶が三つずつ——みんなで六つ——あり、それによって六人でしっかり持つことができるようになっている。我々が一緒になってありんかぎりの力を出してみたが、底をほんの少しばかりずらすことができただけであった。こんな恐ろしく重いものはとうてい動かせないということがすぐにわかった。ありがたいことには、蓋《ふた》を留めてあるのは二本の抜き差しのできる閂《かんぬき》だけだった。不安のあまりぶるぶる震え、息をはずませながら——我々はその門を引き抜いた。とたちまち、価《あたい》も知れぬほどの財宝が我々の眼前に光りきらめいて現われた。角灯の光が穴のなかへ射《さ》したとき、雑然として積み重なっている黄金宝石の山から、実に燦爛《さんらん》たる光輝が照りかえして、まったく我々の眼を眩《くら》ませたのであった。

それを眺めたときの心持を私は書きしるそうとはしまい。驚きが主だったことは言うまでもない。ルグランは興奮のあまりへとへとになっているようで、ほとんど口もきかなかった。ジュピターの顔はちょっとのあいだ黒人の顔としてはこれ以上にはなれないほど、死人のように蒼白《あおじろ》くなった。彼はあっけにとられて——胆《きも》をつぶしているらしかった。やがて彼は穴のなかに膝《ひざ》をついて、袖《そで》をまくり上げた両腕を肘《ひじ》のところまで黄金のなかに埋め、ちょうど湯に入って好い気持になってでもいるように、腕をそのままにしていた。とうとう、深い溜息《ためいき》をつきながら、独言《ひとりごと》のように叫んだ。

「で、こりゃあみんなあの黄金虫からなんだ！　あのきれいな黄金虫！　わっしがあんなに乱暴に悪口言った、かわいそうなちっちぇえ黄金虫からなんだ！　お前《めえ》は恥ずかしくねえか？　黒んぼ、——返事してみろ！」

とうとう、私は主従の二人をうながして財宝を運ぶようにさせなければならなくなった。夜はだんだん更《ふ》けて来るし、夜明け前になにもかもみんな家へ持ってゆくには、一働きする必要があったのだ。が、どうしたらいいかなかなかわからず、考えるのにずいぶん長く時間がかかった。——それほど一同の頭は混乱していたのだ。とうとう、なかにある物の三分の二を取り出して箱を軽くすると、どうにか穴から引き揚げることができた。取り出した品物は茨《いばら》のあいだに置いて、その番をさせるために犬を残し、我々が帰って来るまでは、どんなことがあってもその場所から離れぬよう、また口を開かぬようにと、ジュピターから犬にきびしく言いつけた。それから我々は箱を持って急いで家路についた。そして無事に、だが非常に骨を折ったのちに、小屋へ着いたのは、午前一時だった。疲れきっていたので、すぐまたつづけて働くということは人間業ではできないことだった。我々は二時まで休み、食事をとった。それからすぐ、幸いに家のなかにあった三つの丈夫な袋をたずさえて、山に向って出発した。四時すこし前にさっきの穴へ着き、残りの獲物を三人にできるだけ等分に分け、穴は埋めないままにして、ふたたび小屋へと向ったが、二度目に我々の黄金の荷を小屋におろしたのは、ちょうど曙《あけぼの》の最初の光が東の方の樹々《きぎ》の頂から輝きだしたころであった。

一同はもうすっかりへたばっていた。が、はげしい興奮が我々を休息させなかった。三、四時間ばかりうとうとと眠ると、我々は、まるで申し合せてでもあったように、財宝を調べようと起き上がった。

箱は縁のところまでいっぱいになっていて、その内容を吟味するのに、その日一日と、その夜の大部分がかかった。秩序とか排列とかいったようなものは少しもなかった。なにもかも雑然と積み重ねてあった。すべてを念入りに択《え》り分けてみると、初めに想像していたよりももっと莫大《ばくだい》な富が手に入ったことがわかった。貨幣では四十五万ドル以上もあった。――これは一つ一つの価格を、当時の相場表によって、できるだけ正確に値ぶみしてである。銀貨は一枚もなかった。みんな古い時代の金貨で、種類も種々様々だった。――フランスや、スペインや、ドイツの貨幣、それにイギリスのギニー金貨[10]が少し、また、これまで見本を見たこともないような貨幣もあった。ひどく磨《す》りへっているので、刻印のちっとも読めない、非常に大きくて重い貨幣もいくつかあった。アメリカの貨幣は一つもなかった。宝石の価格を見積るのはいっそう困難だった。金剛石《ダイヤモンド》は――そのなかにはとても大きい立派なものもあったが――みんなで百十個あり、小さいのは一つもない。すばらしい光輝をはなつ紅玉《ルビー》が十八個、緑柱玉《エメラルド》が三百十個、これはみなきわめて美しい。青玉《サファイア》が二十一個と、蛋白石《オパール》が一個。それらの宝石はすべてその台からはずして、箱のなかにばらばらに投げこんであった。ほかの黄金のあいだから択り出したその台のほうは、見分けのつかぬようにするためか、鉄鎚《かなづち》で叩きつぶしたものらしく見えた。これらすべてのほかに、非常にたくさんの純金の装飾品があった。つまり、どっしりした指輪やイヤリングがかれこれ二百。立派な首飾り、――これはたしか三十あったと記憶する。とても大きな重い十字架が八十三個。非常な価格の香炉が五個。葡萄《ぶどう》の葉と酔いしれて踊っている人々の姿とを見事に浮彫りした大きな黄金のポンス鉢《ばち》が一個。それから精巧に彫りをした刀剣の柄《つか》が二本と、そのほか、思い出すことのできないたくさんの小さな品々。これらの貴重品の重量は三百五十ポンドを超えていた。そしてこの概算には百九十七個のすばらしい金時計が入っていないのだ。そのなかの三個はたしかにそれぞれ五百ドルの価はある。時計の多くは非常に古くて、機械が腐食のために多少ともいたんでいるので、時を測るものとしては無価値であった。が、どれもこれも皆たくさんの宝石をちりばめ、高価な革に入っていた。この箱の全内容を、その夜、我々は百五十万ドルと見積った。ところが、その後、その装身具や宝石類を（いくつかは我々自身が使うのに取っておいたが）売り払ってみると、我々がこの財宝をよほど安く値ぶみしていたことがわかったのだった。

いよいよ調べが終って、はげしい興奮がいくらか鎮《しず》まると、ルグランは、私がこの不思議きわまる謎《なぞ》の説明を聞きたくてたまらないでいるのを見て、それに関するいっさいの事情を詳しく話しはじめたのだ。

「君は覚えているだろう」と彼は言った。「僕が甲《かぶと》虫《むし》の略図を描《か》いて君に渡したあの晩のことを。また、君が僕の描いた絵を髑髏《どくろ》に似ていると言い張ったのに僕がすっかり腹を立てたことも、思い出せるだろう。初め君がそう言ったときには、僕は君が冗談を言っているのだと思ったものだ。だがその後、あの虫の背中に妙な点があるのを思い浮べて、君の言ったことにも少しは事実の根拠がないでもないと内心認めるようになった。でも、君が僕の絵の腕前を冷やかしたのが癪《しゃく》だった。――僕は絵が上手だと言われているんだからね。――だから、君があの羊皮紙の切れっぱしを渡してくれたとき、僕はそいつを皺《しわ》くちゃにして、怒って火のなかへ投げこもうとしたんだ」

「あの紙の切れっぱしのことだろう」と私が言った。

「いいや。あれは見たところでは紙によく似ていて、最初は僕もそうかと思ったが、絵を描いてみると、ごく薄い羊皮紙だということにすぐ気がついたよ。覚えているだろう、ずいぶんよごれていたね。ところで、あれをちょうど皺くちゃにしようとしていたとき、君の見ていたあの絵がちらりと僕の眼にとまったのさ。で、自分が甲虫の絵を描いておいたと思ったちょうどその場所に、事実、髑髏の図を認めたときの僕の驚きは、君にも想像できるだろう。ちょっとのあいだ、僕はあんまりびっくりしたので、正確にものを考えることができなかった。僕は、自分の描いた絵が、大体の輪郭には似ているところはあったけれども――細かい点ではそれとはたいへん違っていることを知った。やがて蝋燭を取って、部屋の向う隅《すみ》へ行って腰をかけ、その羊皮紙をもっとよく吟味しはじめた。ひっくり返してみると、僕の絵が自分の描いたとおりにその裏にあるのだ。そのときの僕の最初の感じは、ただ、両方の絵の輪郭がまったくよく似ているということにたいする驚きだった。――羊皮紙の反対の側に、僕の描いた甲虫の絵の真下に、僕の眼《め》につかずに頭蓋骨《ずがいこつ》があり、この頭蓋骨の輪郭だけではなく、大きさまでが、僕の絵によく似ている、という事実に含まれた不思議な暗合にたいする驚きだった。この暗合の不思議さはしばらくのあいだ僕をまったく茫然《ぼうぜん》とさせたよ。これはこういうような暗合から起る普通の結果なんだ。心は連絡を――原因と結果との関連を――確立しようと努め、それができないので、一種の一時的な麻痺《まひ》状態に陥るんだね。だが、僕がこの茫然自失の状態から回復すると、その暗合よりももっともっと僕を驚かせた一つの確信が、心のなかにだんだんと湧《わ》き上がってきたんだ。僕は、甲虫の絵を描いたときには羊皮紙の上になんの絵もなかったことを、明瞭《めいりょう》に、確実に、思い出しはじめた。僕はこのことを完全に確かだと思うようになった。なぜなら、いちばんきれいなところを捜そうと思って、初めに一方の側を、それから裏をと、ひっくり返してみたことを、思い出したからなんだ。もし頭蓋骨がそのときそこにあったのなら、もちろん見のがすはずがない。この点に、実際、説明のできないと思われる神秘があった。が、そのときもうはや、僕の知力のいちばん奥深いところでは、昨夜の冒険であんなに見事に証明されたあの事実の概念が、蛍火《ほたるび》のように、かすかに、ひらめいたようだった。僕はすぐ立ち上がり、羊皮紙を大事にしまいこんで、一人になるまでそれ以上考えることはいっさいやめてしまった。

　君が帰ってゆき、ジュピターがぐっすり眠ってしまうと、僕はその事がらをもっと順序立てて研究することに着手した。まず第一に、羊皮紙がどうして自分の手に入ったかということを考えてみた。僕たちがあの甲虫を発見した場所は、島の東の方一マイルばかりの本土の海岸で、満潮点のほんの少し上のところだった。僕がつかまえると、強く咬《か》みついたので、それを落した。ジュピターはいつもの用心深さで、自分の方へ飛んできたその虫をつかむ前に、樹の葉か、なにかそういったようなものを捜して、それでつかまえようと、あたりを見まわした。彼の眼と、それから僕の眼とが、あの羊皮紙の切れっぱしにとまったのは、この瞬間だった。もっとも、そのときはそれを紙だと思っていたがね。それは砂のなかになかば埋まっていて、一つの隅だけが出ていた。それを見つけた場所の近くに、僕は帆船の大短艇《ロング・ボート》らしいものの残骸を認めた。その難破船はよほど長いあいだそこにあるものらしかった。というのは、ボートの用材らしいということがやっとわかるほどだったから。

さて、ジュピターがその羊皮紙を拾い上げ、甲虫をそのなかに包んで、僕に渡してくれた。それから間もなく僕たちは家へ帰りかけたが、その途中でG——中尉《ちゅうい》に会った。虫を見せたところ、要塞《ようさい》へ借りて行きたいと頼むのだ。僕が承知すると、彼はすぐにその虫を、それの包んであった羊皮紙のなかへ入れないで、そのまま自分のチョッキのポケットのなかへ突っこんでしまった。その羊皮紙は彼が虫を調べているあいだ僕が手に持っていたのさ。たぶん、彼は僕の気が変るのを恐れて、すぐさま獲物をしまってしまうほうがいいと考えたんだろうよ。——なにしろ君も知っているとおり、あの男は博物学に関することならなんでもまるで夢中だからね。それと同時に、僕はなんの気なしに、羊皮紙を自分のポケットのなかへ入れたにちがいない。

僕が甲虫の絵を描こうと思って、テーブルのところへ行ったとき、いつも置いてあるところに紙が一枚もなかったことを、君は覚えているね。引出しのなかを見たが、そこにもなかった。古手紙でもないかと思ってポケットを捜すと、そのとき、手があの羊皮紙に触れたのだ。あれが僕の手に入った正確な経路をこんなに詳しく話すのは、その事情がとくに強い印象を僕に与えたからなんだよ。

きっと君は僕が空想を駆りたてているのだと思うだろう、——が、僕はもうとっくに連絡を立ててしまっていたのだ。大きな鎖の二つの輪を結びつけてしまったのだ。海岸にボートが横たわっていて、そのボートから遠くないところに頭蓋骨の描いてある羊皮紙――紙ではなくて――があったんだぜ。君はもちろん、『どこに連絡があるのだ？』と問うだろう。僕は、頭蓋骨、つまり髑髏は誰でも知っているとおり海賊の徽章《きしょう》だと答える。髑髏の旗は、海賊が仕事をするときにはいつでも、かかげるものなのだ。

僕は、その切れっぱしが羊皮紙であって、紙ではないと言ったね。羊皮紙は持ちのいいもので――ほとんど不滅だ。ただ普通絵を描いたり字を書いたりするには、とても紙ほど適していないから、大して重要ではない事がらはめったに羊皮紙には書かない。こう考えると、髑髏になにか意味が――なにか適切さが――あることに思いついた。僕はまたその羊皮紙の形にも十分注意した。一つの隅だけがなにかのはずみでちぎれてしまっていたけれど、もとの形が長方形であることはわかった。実際、それはちょうど控書として――なにか長く記憶し大切に保存すべきことを書きしるすものとして――選ばれそうなものなんだ」

「しかしだね」と私が言葉をはさんだ。「君は、甲虫の絵を描いたときにはその頭蓋骨は羊皮紙の上になかったと言う。とすると、どうしてボートと頭蓋骨のあいだに連絡をつけるんだい？ ――その頭蓋骨のほうは、君自身の認めるところによれば、（どうして、また誰によって、描かれたか、ということはわからんが）君が甲虫を描いたのちに描かれたにちがいないんだからねえ」

「ああ、そこに全体の神秘がかかっているんだよ。もっとも、この点では、その秘密を解決するのは僕には比較的むずかしくはなかったがね。僕のやり方は確実で、ただ一つの結論しか出てこないのだ。たとえば、僕はこんなふうに推理していったんだ。僕が甲虫を描いたときには頭蓋骨は少しも羊皮紙にあらわれていなかった。絵を描きあげると僕はそれを君に渡し、君が返すまでじっと君を見ていた。だから君があの頭蓋骨を描いたんじゃないし、またほかにそれを描くような者は誰も居合わさなかった。してみると、それは人間業で描かれたんじゃない。それにもかかわらず描いてあったんだ。

ここまで考えてくると、僕はそのときの前後に起ったあらゆる出来事を、十分はっきり思い出そうと努め、また実際思い出したのだ。気候のひえびえする日で（ほんとに珍しいことだった！）炉には火がさかんに燃えていた。僕は歩いてきたので体がほてっていたから、テーブルのそばに腰かけていた。だが君は椅子《いす》を炉のすぐ近くへひきよせていた。僕が君の手に羊皮紙を渡し、君がそれを調べようとしたちょうどそのとき、あのニューファウンドランド種のウルフの奴《やつ》が入ってきて、君の肩に跳びついた。君は左手で犬を撫《な》で、また遠ざけながら、羊皮紙を持った右の手を無頓着《むとんじゃく》に膝のあいだの、火のすぐ近くのところへ垂れた。一時はそれに火がついたかと思ったので、君に注意しようとしたが、僕が言いださないうちに君はそれをひっこめて、調べにかかったのだ。こういうすべての事がらを考えたとき、僕は、熱こそ羊皮紙にその頭蓋骨をあらわさせたものだということを少しも疑わなかったんだよ。君もよく知っているとおり、紙なり皮紙《ヴェラム》なりに文字を書き、火にかけたときにだけその文字が見えるようにできる化学的薬剤があるし、またずっと昔からあった。不純酸化コバルトを王水《アクア・リージア》に浸し、その四倍の重量の水に薄めたものが、ときどき用いられる。すると緑色が出る。コバルトの鈹《ひ》[11]を粗製硝酸に溶かしたものだと、赤色が出る。これらの色は、文字を書いた物質が冷却すると、そののち速い遅いの差はあっても、消えてしまう。が、火にあてると、ふたたびあらわれてくるのだ。

僕はそこで今度はその髑髏をよくよく調べてみた。と、外側の端のほう――皮紙の端にいちばん近い絵の端のほう――は、ほかのところよりはよほどはっきりしている。火気の作用が不完全または不平等だったことは明らかだ。僕はすぐ火を焚《た》きつけて、羊皮紙のあらゆる部分を強い熱にあててみた。初めは、ただ髑髏のぼんやりした線がはっきりしてきただけだった。が、なおも辛抱強くその実験をつづけていると、髑髏を描いてある場所の斜め反対の隅っこに、最初は山羊《やぎ》だろうと思われる絵が見えるようになってきた。しかし、もっとよく調べてみると、それは仔山羊《キッド》のつもりなのだということがわかった」

「は、は、は！」私は言った。「たしかに僕には君を笑う権利はないが、――百五十万という金は笑いごとにしちゃああんまり重大だからねえ、――だが君は、君の鎖の第三の輪をこさえようとしているんじゃあるまいね。海賊と山羊とのあいだにはなにも特別の関係なんかないだろう。海賊は、ご承知のとおり、山羊なんかには縁はないからな。山羊ならお百姓さんの畑だよ」

「しかし僕はいま、その絵は山羊じゃないと言ったぜ」

「うん、そんなら仔山羊《キッド》だね、――まあ、ほとんど同じものさ」

「ほとんどね。だが、まったく同じものじゃない」とルグランが言った。「君はキッド船長という男の話を聞いたことがあるだろう。僕はすぐこの動物の絵を、地口《じぐち》の署名か、象形文字の署名、といったようなものだと見なしたんだ。署名だというわけは、皮紙《ヴェラム》の上にあるその位置がいかにもそう思わせたからなんだよ。その斜め反対の隅にある髑髏も、同じように、印章とか、印判とかいうふうに見えた。しかし、そのほかのものがなに一つないのには、――書類だろうと自分の想像したものの主体――文の前後にたいする本文――がないのには、僕もまったく弱ったね」

「君は印章と署名とのあいだに手紙でも見つかると思ったんだろう」

「まあ、そういったようなことさ。実を言うと、僕はなにかしらすばらしい好運が向いてきそうな予感がしてならなかったんだ。なぜかってことはほとんど言えないがね。つまり、たぶん、それは実際の信念というよりは願望だったのだろう。――だが、あの虫を純金だと言ったジュピターのばかげた言葉が僕の空想に強い影響を及ぼしたんだよ。それからまた、つぎつぎに起った偶然の出来事と暗合、――そういうものがまったく実に不思議だった。一年じゅうで火の要るほど寒い日はその日だけと、あるいはその日だけかもしれんと、思われるその日に、ああいう出来事が起ったということ、また、その火がなかったら、あるいはちょうどあの瞬間に犬が入って来なかったなら、僕が決して髑髏に気がつきはしなかったろうし、したがって宝を手に入れることもできなかったろうということは、ほんとに、ほんの偶然のことじゃないか？」

「だが先を話したまえ、――じれったくてたまらないよ」

「よしよし。君はもちろん、あの世間にひろまっているたくさんの話——キッド[12]とその一味の者が大西洋のどこかの海岸に金を埋めたという、あの無数の漠然《ばくぜん》とした噂《うわさ》——を聞いたことがあるね。こういう噂はなにか事実の根拠があったにちがいない。そして、その噂がそんなに長いあいだ、そんなに引きつづいて存在しているということは、その埋められた宝がまだやはり埋まったままになっているという事情からだけ起りうることだ、と僕には思われたのだ。もしキッドが自分の略奪品を一時隠しておいて、その後それを取り返したのなら、その噂は現在のような、いつも変らない形で僕たちの耳に入りはしないだろう。君も気がついているだろうが、話というのはどれもこれもみんな、金を捜す人のことで、金を見つけ出した人のことではない。あの海賊が自分の金を取りもどしたのなら、そこでこの事件は立消えになってしまうはずだ。で、僕はこう思った。キッドはなにかの事故のために——たとえば、その場所を示す控書をなくしたといったようなことのために——それを取りもどす手段をなくしたのだ。そしてそのことが彼の手下の者どもに知れたのだ。でなければ彼らは宝が隠してあるなどということを聞くはずがなかったんだろうがね。そこで彼らはそれを取り返そうとしきりにやってみたが、なんの手がかりもないので失敗し、その連中が今日誰でも知っているあの噂の種をまき、それからそれが広く世間にひろがるようになったのだ、とね。君は、海岸でなにか大事な宝が掘り出されたということを、いままで聞いたことがあるかい？」

「いいや」

「しかしキッドの蓄えた財宝が莫大《ばくだい》なものであることはよく知られている。だから、僕はそいつがまだ土のなかにあるのだと考えたんだよ。で、あんなに不思議なぐあいにして見つかったあの羊皮紙が、それの埋めてある場所の記録の紛失したものなのだという、ほとんど確信と言えるくらいの希望を、僕がいだいたと言っても、君はべつに驚きはしないだろう」

「だがそれからどうしたんだい？」

「僕は火力を強くしてから、ふたたびその皮紙を火にあててみた。が、なにもあらわれなかった。そこで今度は、泥《どろ》のついていることがこの失敗となにか関係があるかもしれん、と考えた。だから羊皮紙に湯をかけて丁寧に洗い、それから錫《すず》の鍋《なべ》のなかへ頭蓋骨の絵を下に向けて入れ、その鍋を炭火の竈《かまど》にかけた。二、三分たつと、鍋がすっかり熱くなったので、羊皮紙を取りのけてみると、なんとも言えないほど嬉《うれ》しかったことには、行になって並んでいる数字のようなものが、ところどころに斑点《はんてん》になって見えるんだね。それでまた鍋のなかへ入れて、もう一分間そのままにしておいた。取り出してみると、全体がちょうど君のいま見るとおりになっていたんだ」

　こう言って、ルグランは羊皮紙をまた熱して、私にそれを調べさせた。髑髏と山羊とのあいだに、赤い色で、次のような記号が乱雑に出ている。——

53‡‡†305))6*;4826)4‡.)4‡);806*;48†8¶60))85;1‡(;:‡*8†8
3(88)5*†;46(;88*96*?;8)*‡(;485);5*†2:*‡(;4956*2(5*—4)8
¶8*;4069285);)6†8)4‡‡;1(‡9;48081;8:8‡1;48†85;4)485†
528806*81(‡9;48;(88;4(‡?34;48)4‡;161;:188;‡?;[13]

「しかし」と私は紙片を彼に返しながら言った。「僕にゃあやっぱり、まるでわからないな。この謎《なぞ》を解いたらゴルコンダ[14]の宝石をみんなもらえるとしても、僕はとてもそれを手に入れることはできないねえ」

「でもね」とルグランが言った。「これを解くことは、決してむずかしくはないんだよ。君がこの記号を最初にざっと見て想像するほどにはね。誰でもたやすくわかるだろうが、この記号は暗号をなしているのだ。——つまり、意味を持っているのだ。しかし、キッドについて知られていることから考えると、彼にそう大して難解な暗号文を組み立てる能力などがあろうとは僕には思えなかった。僕はすぐ、これは単純な種類のもの——だが、あの船乗りの頭には、解《キイ》がなければ絶対に解けないと思われるような、そんな程度のもの——だと心を決めてしまったんだ」

「で君はほんとうにそれを解いたんだね？」

「わけなしにさ。僕はいままでにこの一万倍もむずかしいのを解いたことがある。境遇と、頭脳のある性向とが、僕をそういう謎に興味をもたせるようにしたのだ。人間の知恵を適切に働かしても解けないような謎を、人間の知恵が組み立てることができるかどうかということは、大いに疑わしいな。事実、連続した読みやすい記号が、一度それとわかってしまえば、その意味を展開する困難などは、僕はなんとも思わなかった。

いまの場合では――秘密文書の場合では実際すべてそうだが――第一の問題は暗号の国語が何語かということなんだ。なぜなら、解釈の原則は、ことに簡単な暗号となると、ある特定の国語の特質によるのであるし、またそれによって変りもするんだからね。一般に、どの国語かがわかるまでは、解釈を試みる人の知っているあらゆる国語を（蓋然率《プロバビリティ》にしたがって）実験してみるよりほかに仕方がない。だがいま僕たちの前にあるこの暗号では、署名があるので、このことについてのいっさいの困難が取りのぞかれている。『キッド』という言葉の洒落《しゃれ》は英語以外の国語ではわからないものだ。こういう事情がなかったなら、僕はまずスペイン語とフランス語とでやりはじめたろうよ。スパニッシュ・メイン[15]の海賊がこの種の秘密を書くとすればたいていそのどちらかの国語だろうからね。ところがそういうわけだったから、僕はこの暗号を英語だと仮定した。

ごらんのとおり、語と語とのあいだにはなんの句切りもない。句切りがあったら、仕事は比較的やさしかったろう。そういう場合には、初めに短い言葉を対照し、分析する。そしてもし、よくあるように、一字の語（たとえばaとか、Iとかいう語だね）が見つかったら、解釈はまずできたと思っていいのだ。しかし、句切りが少しもないので、僕の最初にとるべき手段は、いちばん多く出ている字と、いちばん少ししか出ていない字とを、つきとめることだった。で、すっかり数えて、僕はこういう表を作った。

8	という記号は	三十三ある
;	〃	二十六
4	〃	十九
‡)	〃	十六
*	〃	十三
5	〃	十二
6	〃	十一
†1	〃	八
0	〃	六

92　〃　五
:3　〃　四
?　〃　三
¶　〃　二
—　〃　一

　さて、英語でもっともしばしば出てくる字はeだ。それからaoidhnrstuycfglmwbkpqxzという順序になっている。しかしeは非常に多いので、どんな長さの文章でも、一つの文章にeがいちばんたくさん出ていないということは、めったにないのだ。

　とすると、ここで、僕たちはまず手初めに、単なる憶測以上のあるものの基礎を得たことになるね。表というものが、一般に有益なものであるということは明白だ、――が、この暗号にかぎっては、僕たちはほんのわずかしかその助けを要しない。いちばん多い記号は8だから、まずそれを普通のアルファベットのeと仮定して始めることにしよう。この推定を証拠だててみるために、8が二つ続いているかどうかを見ようじゃないか。――なぜかというと、英語ではeが二つつづくことがかなりの頻度であるからだ、――たとえば、‘meet’ ‘fleet’ ‘speed’ ‘seen’ ‘been’ ‘agree’ などのようにね。僕たちの暗号の場合では、暗号文が短いにもかかわらずそれが五度までも重なっているよ。

　そこで、8をeと仮定してみよう。さて、英語のすべての語のなかで、いちばんありふれた語は、‘the’ だ。だから、最後が8になっていて、同じ配置の順序になっている三つの記号が、たびたび出ていないかどうかを見よう。そんなふうに並んだ、そういう文字がたびたび出ていたら、それはたぶん、‘the’ という語をあらわすものだろう。調べてみると、そういう排列が七カ所もあって、その記号というのは;48だ。だから、;はtをあらわし、4はhをあらわし、8はeをあらわしていると仮定してもよかろう。――この最後の記号はいまではまず十分確証された。こうして一歩大きく踏み出したのだ。

　しかも、一つの語が決ったので、たいへん重要な一点を決めることができるわけだ。つまり、他の語の初めと終りとをいくつか決められるのだね。たとえば暗号のおしまい近くの――最後から二番目の

;48という組合せのあるところを見よう。と、そのすぐ次にくる;が語の初めであることがわかる。そうして、この‘the’の後にある六つの記号のうち、僕たちは五つまで知っているのだ。そこで、わからないところは空けておいて、その五つの記号をわかっている文字に書きかえてみようじゃないか。――

t eeth

ここで、この‘th’が、この初めのtで始まる語の一部分をなさないものとして、すぐにこれをしりぞけることができる。というわけは、この空いているところへ当てはまる文字としてアルファベットを一つ残らず調べてみても、thがその一部分となるような語ができないことがわかるからなんだ。こうして僕たちは

t ee

に局限され、そして、もし必要ならば前のようにアルファベットを一つ一つあてはめてみると、考えられる唯一《ゆいいつ》の読み方として‘tree’という語に到達する。こうして(で表わしてあるrという字をもう一つ知り、‘the tree’という言葉が並んでいることがわかるのだ。この言葉の少し先の方を見てゆくと、また;48の組合せがあるから、これをそのすぐ前にある語にたいする句切りとして用いる。するとこういう排列になっているね。

the tree ;4(‡?34 the

つまり、わかっているところへ普通の文字を置きかえると、こうなる。

the tree thr ‡?3 h the

さて、未知の記号のかわりに、空白を残すか、または点を打てば、こうなるだろう。

the tree thr・・・h the

すると‘through’という言葉がすぐに明らかになってくるが、この発見は、‡、?、3であらわされているo、u、gという三つの文字を僕たちに与えてくれるのだ。

それから既知の記号の組合せがないかと暗号を念入りに捜してゆくと、初めのほうからあまり遠くないところに、こんな排列が見つかる。

83(88 すなわち egree

これは明白に‘degree’という語の終りで、†であらわしてあるdという文字がまた一つわかるのだ。この、‘degree’という語の四つ先に

;46(;88*

という組合せがある。

既知の記号を翻訳し、未知のを前のように点であらわすと、こうなるね。

th・rtee・

この排列はすぐ'thirteen'という言葉を思いつかせ、6、*であらわしてあるi、nという二つの新しい文字をまた教えてくれる。

今度は、暗号文の初めを見ると、

53‡‡†

という組合せがあるね。

前のように翻訳すると、

・good

となるが、これは最初の文字がAで、初めの二つの語が'A good'であることを確信させるものだ。

混乱を避けるために、もういままでは、わかっただけの鍵を表の形式にして整えたほうがいいだろう。それはこうなる。

5	は	aを表わす
†	〃	d
8	〃	e
3	〃	g
4	〃	h
6	〃	i
*	〃	n
‡	〃	o
(	〃	r
:	〃	t
?	〃	u

だから、これでもっとも重要な文字が十一[16]もわかったわけで、これ以上解き方の詳しいことをつづけて話す必要はないだろう。僕は、この種の暗号の造作なく解けるものであることを君に納得させ、またその展開の理論的根拠にたいする多少の洞察《どうさつ》を君に与えるために、もう十分話したのだ。だが、僕たちの前にあるこの見本なんぞは、暗号文の実にもっとも単純な種類に属するものだと思いたまえ。いまではもう、この羊皮紙に書いてある記号を、解いたとおりに全訳したものを、君に示すことが残っているだけだ。それはこうだよ。

'A good glass in the bishop's hostel in the devil's seat forty-one degrees and thirteen minutes northeast and by north main branch seventh limb east side shoot from the left eye of the death's-head a bee-line from the tree through the shot fifty feet out.'

(『僧正の旅籠《はたご》悪魔の腰掛けにて良き眼鏡四十一度十三分北東微北東側第七の大枝髑髏《どくろ》の左眼《ひだりめ》より射る樹《き》より弾を通して五十フィート外方に直距線』)」

「だが」と私は言った。「謎は依然として前と同じくらい厄介《やっかい》なようだね。『悪魔の腰掛け』だの、『髑髏』だの、『僧正の旅籠』だのというような、こんな妄語《たわごと》から、どうして意味をひっぱり出すことができるのかね?」

「そりゃあね」とルグランが答えた。「ちょっと見たときには、まだ問題は容易ならぬものに見えるさ。まず僕の努力したことは、暗号を書いた人間の考えたとおりの自然な区分に、文章を分けることだった」

「というと、句読《くとう》をつけることだね?」

「そういったようなことさ」

「しかしどうしてそれができたんだい?」

「僕は、これを書いた者にとっては、解釈をもっとむずかしくするために言葉を区分なしにくっつけて書きつづけることが重要な点だったのだ、と考えた。ところで、あまり頭の鋭敏ではない人間がそういうことをやるときには、たいていは必ずやりすぎるものだ。文を書いてゆくうちに、当然句読点をつけなければならんような文意の切れるところへくると、そういう連中はとかく、その場所で普通より以上に記号をごちゃごちゃにつめて書きがちなものだよ。いまの場合、この書き物を調べてみるなら、君はそういうひどく込んでいるところが五カ所あることをたやすく眼にとめるだろう。このヒントにしたがって、僕はこんなふうに区分をしたんだ。

'A good glass in the bishop's hostel in the devil's seat — forty-one degrees and thirteen minutes — northeast and by north — main branch seventh limb east side — shoot from the left eye of the death's-head — a bee-line from the tree through the shot fifty feet out.'

(『僧正の旅籠悪魔の腰掛けにて良き眼鏡——四十一度十三分——北東微北——東側第七の大枝——髑髏の左眼より射る——樹より弾を通して五十フィー

ト外方に直距線』)」

「こういう区分をされても」と私は言った。「まだやっぱり僕にはわからないね」

「二、三日のあいだは僕にもわからなかったよ」とルグランが答えた。「そのあいだ、僕はサリヴァン島の付近に『僧正の旅館《ビショップス・ホテル》』という名で知られている建物がないかと熱心に捜しまわった。むろん、『旅籠《ホステル》』という古語はよしたのさ。が、それに関してはなにも得るところがなかったので、捜索の範囲をひろげてもっと系統的な方法でやってゆこうとしていたとき、ある朝、まったくとつぜんに頭に浮んだのは、この『僧正の旅籠《ビショップス・ホステル》』というのは、島の四マイルばかり北方にずっと昔から古い屋敷を持っていたベソップという名の旧家となにか関係があるかもしれない、ということだった。そこで、僕はそこの農園へ行って、その土地の年寄りの黒んぼたちにまたいろいろきいてみた。とうとう、よほど年をとった一人の婆《ばあ》さんが、ベソップの城というような所のことを聞いたことがあって、そこへご案内することができるだろうと思うが、それは城でも宿屋でもなくて高い岩だと言ってくれた。

僕は骨折り賃は十分出すがと言うと、婆さんはしばらくためらったのち、その場所へ一緒に行ってくれることを承知した。大した困難もなくそこが見つかったので、それから婆さんを帰して、僕はその場所を調べはじめた。その『城』というのは崖《がけ》や岩が雑然と集まっているところのことで、そのなかの一つの岩は、ずっと高くて、また孤立していて人工的なふうに見えるので、たいへん目立っていた。僕はその岩のてっぺんへよじ登ったんだが、さて、それからどうしたらいいかということには大いに途方に暮れてしまったね。

　さんざんに考えこんでいるうちに、僕の眼はふと、自分の立っている頂上からたぶん一ヤードくらい下の岩の東の面にあるせまい出っ張りに落ちた。この出っ張りは約十八インチほど突き出ていて、幅は一フィート以上はなく、そのすぐ上の崖に凹《くぼ》みあるので、われわれの祖先の使ったあの背を刳《く》った椅子《いす》にあらまし似ているんだ。僕はこれこそあの書き物にある『悪魔の腰掛け』にちがいないと思い、もうあの謎の秘密をすっかり握ったような気がしたよ。『良き眼鏡』というのが望遠鏡以外のものであるはずがないということは、僕にはわかっていた。船乗りは『眼鏡』という言葉をそれ以外の意味にはめったに使わないからね。そこで、僕は望遠鏡はここで用いるべきであるということ、ここがそれを用いるに少しの変更をも許さぬ定まった観察点であるということが、すぐにわかったのだ。また、『四十一度十三分』や『北東微北』という文句が眼鏡を照準する方向を示すものであることは、すぐに信じられた。こういう発見に大いに興奮して、急いで家へ帰り、望遠鏡を手に入れて、また岩のところへひき返した。

　出っ張りのところへ降りると、一つのきまった姿勢でなければ席を取ることができないということがわかった。この事実は僕が前からもっていた考えをますます確かめてくれたのだ。それから眼鏡の使用にとりかかった。むろん、『四十一度十三分』というのは現視地平[17]の上の仰角を指しているものにちがいない。なぜなら、水平線上の方向は「北東微北」という言葉ではっきり示されているんだからね。この北東微北の方向を僕は懐中磁石ですぐに決めた。それから、眼鏡を大体の見当でできるだけ四十一度[18]の仰角に向けて、気をつけながらそれを上下に動かしていると、そのうちにはるか彼方《かなた》に群を抜いてそびえている一本の大木の葉の繁《しげ》みのなかに、円い隙《すき》間《ま》、あるいは空いているところがあるのに、注意をひかれた。この隙間の真ん中に白い点を認めたが、初めはそれがなんであるか見分けがつかなかった。望遠鏡の焦点を合わせて、ふたたび見ると、今度はそれが人間の頭蓋骨《ずがいこつ》であることがわかった。

　これを発見すると、僕はすっかり喜びいさんで、謎《なぞ》が解けてしまったと考えたよ。なぜかと言えば、『東側第七の大枝』という文句は、木の上の頭蓋骨の位置を指すものに決っているし、また『髑髏の左眼より射る』というのも、埋められた宝の捜索に関して唯一の解釈しか許さないものだったから。僕は、頭蓋骨の左の眼から弾丸を落す仕組みになっているので、また、幹のいちばん近い点から『弾』（つまり弾丸の落ちたところ）を通して直距離、あるいは別の言葉で言えば一直線を引き、そこからさらに五十フィートの距離に延長すれば、ある一定の点が示されるだろう、ということを悟った。——そして、この地点の下に貴重な品物が隠されているということは、少なくともないとも言えぬことだと考えたしだいなのさ」

「なにもかもすべて、実にはっきりしているね」と私は言った。「また巧妙ではあるが、簡単で明瞭《めいりょう》だよ。で君はその『僧正の旅籠』を出て、それからどうしたんだい?」

「もちろん、その木の方位をよく見定めてから、家へ帰ったさ。だが、その『悪魔の腰掛け』を離れるとすぐ、例の円い隙間は見えなくなり、その後はどっちへ振り向いてもちらりとも見ることができなかったよ。この事件全体のなかで僕にいちばん巧妙だと思われるのは、この円く空いているところが、岩の面のせまい出っ張り以外のどんな視点からも見られない、という事実だね。(幾度もやってみて、それが事実だということを僕は確信してるんだ)

この『僧正の旅籠』へ探検に行ったときには、ジュピターも一緒についてきたが、あいつは、それまでの数週間、僕の態度のぼんやりしていることにちゃんと気がついていて、僕を一人ではおかぬようにとくに注意をしていた。だがその次の日、僕は非常に早く起きて、うまくあいつをまいて、例の木を捜しに山のなかへ行ったんだ。ずいぶん骨を折った末、そいつを見つけた。夜になって家へ帰ると、奴《やっこ》さんは僕を折檻《せっかん》しようというんだよ。それからのちの冒険については、君は僕自身と同様によく知っているはずだ」

「最初に掘ったときに」と私が言った。「君が場所をまちがえたのは、ジュピターがまぬけにも頭蓋骨の左の眼からではなくて右の眼から虫を落したためだったんだね」

「そのとおりさ。そのしくじりは『弾』のところに――つまり、木に近いほうの杭《くい》の位置に――二インチ半ほどの差ができた。そして、もし宝が『弾』の真下にあったのなら、この誤りはなんでもなかったろう。ところが、『弾』と、木のいちばん近い点とは、ただ方向の線を決定する二点にすぎなかったのだ。むろんその誤りは、初めは小さなものであっても、線をのばしてゆくにしたがって大きくなり、五十フィートも行ったときには、すっかり場所が違ってしまったのさ。宝がどこかこの辺にほんとうに埋められているという深い確信が僕になかったなら、僕たちの骨折りもすっかり無駄になってしまうところだったよ」

「頭蓋骨を用いるという思いつき――頭蓋骨の眼から弾丸を落すという思いつき――は、海賊の旗からキッドが考えついたことだろうと、僕は思うね。きっと彼は、この気味のわるい徽章《きしょう》で自分の金を取りもどすことに、詩的調和といったようなものを感じたんだぜ」

「あるいはそうかもしれん。だが僕は、常識ということが、詩的調和ということとまったく同じくらい、このことに関係があると考えずにはいられないんだ。あの『悪魔の腰掛け』から見えるためには、その物は、もし小さい物なら、どうしても白くなくちゃならん。ところで、どんな天候にさらされても、その白さを保ち、さらにその白さを増しもするものとしては、人間の頭蓋骨にかなうものはないからな[19]」

「しかし君の大げさなものの言いぶりや、甲虫《かぶとむし》を振りまわす振舞いといったら――そりゃあ実に奇妙きてれつだったぜ！　僕はてっきり君が気が狂ったのだと思ったよ。で、君はなぜあの頭蓋骨から、弾丸ではなくて、虫を、落させようと言い張ったんだい？」

「いや、実を言うと、君が明らかに僕の正気を疑っているのが少し癪《しゃく》だったので、僕一流のやり方で、真面目《まじめ》にちょっとばかり煙《けむ》に巻いて、君をこっそり懲《こ》らしてやろうと思ったのさ。甲虫を振りまわしたのもそのためだし、あれを木から落させたのもそのためなんだ。君があれを非常に重いと言ったので、木から落すというその考えを思いついたのだ」

「なるほど。わかったよ。ところで、僕にはもう一つだけ合点のゆかぬことがある。あの穴のなかにあった骸骨《がいこつ》はなんと解釈すべきだろうね？」

「それは僕にだって君以上には答えられぬ問題だよ。しかし、あれを説明するのにたった一つだけもっともらしい方法があるようだな。――僕の言うような凶行があったと信ずるのは恐ろしいことだがね。キッドが――もしほんとうにキッドがこの宝を隠したのならだよ。僕はそうと信じて疑わないが――彼がそれを埋めるときに誰かに手伝ってもらったことは明らかだ。だが、その仕事のいちばん厄介なところがすんでしまうと、彼は自分の秘密に関係した者どもをみんな片づけてしまったほうが都合がいいと考えたんだろう。それには、たぶん、手伝人たちが穴のなかでせっせと働いている時に、鶴嘴《つるはし》で二つも食らわせば十分だったろうよ。それとも、一ダースも殴りつけなければならなかったか、——その辺は誰にだってわからんさ」

[1] "All in the Wrong" ——イギリスの俳優で劇作家の Arthur Murphy(一七二七—一八〇五) の喜劇。一七六一年初演。一八三六年にニューヨークでも上演された。

[2] Huguenot ——十六、七世紀頃のフランスの新教徒。一六八五年にルイ十四世によってナント勅令が廃棄され、新教が禁止されると、多くの新教徒《ユグノー》がアメリカの植民地に移住した。

[3] New Orleans ——ミシシッピ河の海に注ぐあたりのルイジアナ州にある都会。

[4] Fort Moultrie ——チャールストン港の防御のために一七七六年に建てられ、まだ竣功《しゅんこう》しないうちにアメリカ軍の William Moultrie (一七三一—一八〇五) 大佐がここに立て籠《こも》ってイギリス軍を防いだので、その名が付せられた。ポーは青年時代に軍隊にいたときしばらくこの要塞《ようさい》に勤務していたことがある。

[5] Palmetto ——南カロライナ州は一名 "Palmetto State" と言われるほどだから、この棕櫚《しゅろ》がよほど多いのであろう。

[6] Jan Swammerdam (一六三七—八〇) ——オランダの有名な博物学者。ことに昆虫《こんちゅう》学者として、その蒐《しゅう》集《しゅう》と著述とが知られている。

[7] ルグランが antennœ (触角) と言いかけたのを、ジュピターは tin(錫《すず》) のことと思い違いをしたのであろう。ボードレールは "Calembour intraduisible" だと書いているが、日本語でもやはり訳されないことは同様である。

[8] この「高い」loud という語は、ステッドマン・ウッドベリー版には「低い」low となっているが、ハリスン版、イングラム版、その他の諸版にはみな前者になっている。ボードレールの訳本もその意味に訳してある。ステッドマン版はこの語をグリズウォルド版に拠《よ》ったのであろうか。しかし、ここでは前者をとることにして、意味がまったく反対になっている相違なので特に注をしておく。

[9] dark lantern ——光をさえぎる蓋《ふた》のついている角灯。

[10] guinea ——十七世紀後葉アフリカ西海岸のギニー地方に産する金で初めて鋳造された往時のイギリスの金貨。一八一三年以降は鋳造されなかったのだから、この物語の書かれた当時にもすでに、一般に流通して

いなかったのである。

[11] 鉱物を溶解するときに炉床または坩堝《るつぼ》の底に沈澱《ちんでん》するもの。

[12] William Kidd（一六四五?―一七〇一）――十七世紀の末の有名な海賊。スコットランドに生れ、初め剛胆な船長として世に知られていたが、のち海上生活を退いてニューヨークに隠退中、その船舶操縦術の手腕を時の植民大臣 Earl of Bellamont に認められ、当時アメリカの沿岸およびインド洋に横行していた海賊を剿滅《そうめつ》せよとの命を受けて、一六九六年に"Adventure"号の船長としてイングランドのプリマス港から出帆し、ニューヨークへ行き、それからマダガスカル島へ航した。その後間もなく彼自身が海賊になったと噂《うわさ》が立った。一六九九年にアメリカの海岸へ帰り、やがてボストンで逮捕されて部下と共にイングランドへ送られ、海賊を働いたことを否認したが、船員の一人を殺害した廉《かど》で、九人の部下と共に絞刑《こうけい》に処せられた。これより前、彼はニューヨークの東方ロング島の東にあるガーディナア島に一部分の財宝を埋めておいたが、それはのちに発掘された。その没収された財宝の総額は約一万四千ポンドに達するものであった。しかし、「キッド船長の宝」が大西洋のどこかの海岸にまだ埋められているという噂は、その後も永く世間に伝えられていた。

[13] この暗号文のうち一カ所は、ステッドマン・ウッドベリー版およびハリスン版が、他の諸版と異なっている。他の諸版の"forty-one degrees"に当る記号が"twenty-one degrees"になっているからである。（初めから四十四番目1‡(;:…………;)が8*;:…………）これは、のちに注18においてしるすような理由で、たぶん、作者自身が一八四五年出版の彼の『物語集』にのちの刊行の準備として自筆で推《すい》敲《こう》の筆を加えたときに、書き直したものであろう。ステッドマン・ウッドベリー版、ハリスン版は、そのポーの自筆を加えたいわゆるロリマー・グレアム本を参照して、それに拠ったのである。しかし、ハリスン版の訂正個所はまちがっているし、またハリスン版、ステッドマン版ともにあとの記号の数のところが訂正暗号に合っていないので、この訳本ではあとのほうの数字を訂正したりすることは避けて、普通の諸版のもとの暗号を用いることにした。他の諸版にもそれぞれ小さな誤りがあるので、以下暗号に関するかぎり、諸版から妥当と思うところを取ることにする。

[14] Golconda ――インドの南部にある旧《ふる》い町。金剛石

の市場として有名であった。

[15] Spanish main ——往時、南アメリカの北海岸のオリノコ河またはアマゾン河の口からパナマ海峡に至る一帯の地方や、カリブ海のこれに接した部分を、漠然《ばくぜん》と指した名称。スペインと南アメリカとの航路に当り、昔さかんに海賊が出没した。

[16] この「十二」は、ステッドマン版、イングラム版、ハリスン版等の標準版にはみな前の行の「;〃u」を除いて「十」となっているが、これはたぶん作者自身の誤りであろう。「;〃u」を加えて「十二」となっている版もあるので、それにしたがう。

[17] 実際に見得《う》べき水と空との分界線。

[18] この「四十一度」は、ハリスン版とステッドマン・ウッドベリー版では、すべて「二十一度」となっている。事実、「四十一度十三分の仰角」で見て、「はるか彼方《かなた》に」見える大木というのは、あまりに高過ぎて不自然、あるいはむしろ不合理であろう。しかしこの変更は注13で書いたように、暗号文の記号と共に、おそらく、ポーがのちの刊行本のための用意にときどき筆を加えておいたいわゆるロリマー・グレアム本の、自筆の書き入れに拠ったものらしく、まだ決定的な、あるいは完全な、訂正ではないので、この訳本ではすべてもとの「四十一度」にしておいた。

[19] 以上の頭蓋骨云々《うんぬん》に関する二節の対話は、普通の諸版には全然ない。ボードレールの訳本にもない。同じくロリマー・グレアム本にポーがのちに書き加えておいた部分であろう。

講義編

エドガー・アラン・ポー
「黄金虫」

「二銭銅貨」と「黄金虫」の関係

「二銭銅貨」について解説した後に「黄金虫」を読んでもらったのには理由があります。読んでみてわかったと思いますが、この二つの小説にはいくつかの共通点があり、それは「二銭銅貨」が「黄金虫」を読んで書きかえることで書かれた小説であるからなのです。「二銭銅貨」の中では松村が「ポオの Gold bug にある様にeを探しさえすれば訳はないんだが」と「黄金虫」の原題を挙げて二つの小説の関係を示唆しています。今読んでみて、実際に探偵役のルグランが暗号の中からeを表す文字として∞を見つけているのを確認できたかと思います。このように小説の中には、自身の元になった小説、書きかえられる前の元ネタと言える小説について言及しているものも少なくありません。だから、小説の中に、小説を含めた様々なジャンルの作品のタイトルが出てくる時には、注意をした方がいいでしょう。

また、第一章で、自分自身を当事者ではなく「傍観者」と読者に思わせるものとして取り上げた23頁の「若し傍観者があって、之を見たら、余程狂気じみたものであったに相違ないのである」という記述とそっくりな、「偶然に我々のいるところを通りかかる人があったら、その人には我々のやっていることがどんなにか奇妙にも、おかしくも見えるにちがいない」という記述が、実は「黄金虫」にある（74頁）ということにも気づいたかと思います。このような具体的な記述を借りている他にも、「二銭銅貨」と「黄金虫」の間には次のような類似点・共通点があります。

・暗号が出てくる。
・暗号の種類（換字法）が同じ。
・暗号を解読する探偵役がいる。
・探偵役が貧乏である。
・探偵役について伝える一人称の語り手がいる。
・暗号が宝物のありかを伝える。
・探偵役と語り手の間に温度差がある。探偵役は熱中し、語り手は冷静に観察している。
・探偵役がはたから見ると気が狂ったかのように見える行動をする。
・語り手の探偵役の行動への興味がだんだん強まっていく。

・宝物が先に出てきて、後から見つけた過程についての探偵役の長い説明がある。
・探偵役がもったいぶってなかなか説明しない。
・暗号が探偵役が宝物を見つけた後で紹介される。

実はこの共通点の多くは、「黄金虫」と「二銭銅貨」だけではなく、エドガー・アラン・ポー以降のミステリ・探偵小説にも見られるものです。やはりポーが探偵小説の元祖と言われるだけの影響力があるということなのですが、最後の点だけは違っています。読者が探偵と同じように推理が出来るように必要な情報は全て提示しておくというのが、現在考えられている探偵小説の基本ルールで、小説によっては、情報を伝えきったところで、さあ、推理してください、という「読者への挑戦状」が差し挟まれるものもあるくらいです。しかし、「黄金虫」や「二銭銅貨」では、ルグランや松村が自身の推理を語る途中で暗号文が初めて示されるので、読者は探偵役と一緒に推理することはできません。「二銭銅貨」の中で「Dancing Men」という原題が出てきていたアーサー・コナン・ドイルのシャーロック・ホームズシリーズの一作「踊る人形」（『The Strand Magazine』１９０３年）は、やはり「黄金虫」の影響を受けた暗号の解読をテーマにした小説ですが、最初から暗号が読者に示されていてホームズと同じような推理で解読することができるように書かれています。

それからすると、「二銭銅貨」は、あくまでも「黄金虫」の直接のパロディで、今考えられている探偵小説とは趣を異にしているのがわかります。更に、これだけ共通点があると、「黄金虫」を読んだことのある読者は、「二銭銅貨」を二番煎じかパクリだろうと思って読み進めるのではないでしょうか。ここにあげた共通点は、全て「二銭銅貨」で「私」が真相を語るまでに見られるものですから、そう思いこんで甘く見ていると、最後にみごとにどんでん返しを食らうわけです。そのように考えると、エドガー・アラン・ポーをもじった江戸川乱歩というペンネームも、読者を引っかけるための罠なのではないか、と思われてきます。

小説による小説の批評

もちろん、このような共通点の他に「二銭銅貨」と「黄金虫」の間には多くの相違点もあります。それらの相違点が二つの小説を別のものにしている訳であり、また、「二銭銅貨」が「黄金虫」を批評しているところとなります（江戸川乱歩が批評しているという言い方をしないのは、作者の意図であるかどうかはわからず、また別に意図であるかどうかは今は問題ではないということです。読者がそのように読み取れるのであればそれでいいということでもあります）。

小説が小説を批評しているというのはどういうことでしょうか。批評というのは小説の優れている点や不十分な点を指摘し、その文学史的位置や価値を論じるものです。だとすると、それはいわゆる批評とか評論と呼ばれているジャンルの文章でだけ行えるわけではなく、小説を書くことで先に書かれてある小説を批評することもできるはずです。先行する小説の優れている点や読みどころとなっている点が後から書かれた小説に取りこまれ、一方変更することでより書かれた時代にふさわしいものになったり新たな可能性が開ける点が後発の小説との相違点となっている、と考えることができます。

本書のはじめに述べたように、新しい小説を書く際に、先行する小説を構成する要素（エピソード・ストーリー・設定・登場人物のキャラクター）を受けとめて、それを「引用」する形で新しいものを作り出す基盤にする、ということは誰もがしていることです（意識して「引用」するか、知らず知らずのうちに「引用」するかも特に問う必要はないでしょう）。

実際、これらの「黄金虫」と「二銭銅貨」の共通点は、さらにその後の多くの小説とも共通しています。暗号を題材にした推理小説は手を替え品を替え現在も書かれていますし、何を考えているのかわからない変人の名探偵と、その言動・行動を見守り伝える語り手との組み合わせも受け継がれ続けています。そして、名探偵による自身の推理についての長い講釈、解かれなかった謎の答えが次第に読者に明らかにされていく展開についても同様です。多くの読者が、それらの設定・ストーリー・登場人物に魅力を感じ、自分自身が小説を書く側に回った時に書いてみたいと思うということなのでしょう。

既に書かれてある小説とよく似た設定・ストーリー・登場人物の小説が新たに書かれると、二番煎じとかパクリとか言って批判されることもありますが、自分が面白いと思ったものについて、自分も同じようなものを書いてみたいと思うのは当たり前のことです。この模倣の欲望こそが様々な創造の出発点になっていることは間違いないでしょう。

ただそれと同時に、魅力を感じ、面白いと思いながらも、不満を感じる、なぜこうなっているんだろう、こうなっていたらいいのに、と思うというのも誰にでもあることだと思います。そして、それが新たな作品を過去に書かれた作品と違うものにしていく出発点になります。

たとえば、「二銭銅貨」には次のような「黄金虫」との相違点があります。

・宝物が本物／偽物
・探偵役と語り手の二人の関係が友人／競争相手
・探偵役が金持ちになる／ならない
・ジュピターのような第三の登場人物がいる／いない
・語り手が宝物を見つける現場に行く／行かない
・宝物を見つけた後の語り手の「私」の心情が書かれない／書かれる
・語り手が読者をだましていない／だましている

最も大きな相違点が、ルグランが本当にキャプテン・キッドの宝物を見つけるのに対して、松村の見つけた五万円がおもちゃの紙幣だったということでしょう。もちろん、その違いが生じる前提として、語り手「私」と探偵役との関係が違っていることも重要です。「二銭銅貨」

の「私」は松村とは友人であるだけではなく競争相手で、松村に嘘を語ります。また、本物か偽物かという違いの結果として、主人公をとりまく状況に変化が生じるかどうかも違ってきています。

これらの相違点については、「二銭銅貨」の「私」が松村の長い長い報告・自慢話の後に、彼に問う「だが、君は、現実というものがそれ程ロマンチックだと信じているのかい」(33頁)という言葉から考えるとわかりやすいでしょう。つまり、暗号を解いて海賊が隠した宝を見つけるというストーリーは、二十世紀の日本においては「ロマンチック」すぎる、ということなのです。より「現実」的な結末にするために用意されたのが実はおもちゃの紙幣だったという真相なのです。「二銭銅貨」にジュピターにあたる献身的な登場人物がいないのも、「私」が松村の探索行につきあわないのも、「ロマンチック」な要素を削った結果だと考えられます。

さらに「二銭銅貨」の「私」は松村だけではなく、読んでいる読者もだましています。自分の感情の動きを伝えなかったり、あたかも自分が何も知らないように語ったり、それに比べると、「黄金虫」の「私」の方がより信用できる、と一応言えるでしょう。

小説を書くための入口

一応言える、というのは、実際は「黄金虫」の「私」が読者をだましたり何かを隠したりしていないか、ということが明らかにはできないからです。たとえば、「二銭銅貨」の「私」は松村の自慢話の後に「私は笑うんじゃないと自分自身を叱《しか》りつけたけれども、私の中の、小さな悪戯好きの悪魔が、そんなことには閉口《へこ》たれないで私をくすぐった」というようにそれまで読者に伝えることを抑えていた自身の感情を明らかにしていきます。それに対して、「黄金虫」の「私」は最後まで自身の感情について語りません。ルグランが宝物を見つけたことについて、どう思っているのか、喜びの感情も何も語られていないのです。宝物を見つけるまでは、レグランドの奇怪な言動・行動を心配する心情が語られていますが、それ以降はレグランドに対する感情は〈空所〉になっているのです。

もちろん、それは小説の中心がルグランの活躍にあるからで、それを伝える「私」が何を考えているか、は重要ではないという取捨選択の結果です。小説に限らず文章は全てを書くことはできず、かならず選ばれて書かれることと、捨てられて書かれないことが生じます。何を書かないか、という選択に文章を書く技術の多くがある、と言うこともできるくらいです。もし、ルグランの解説の間に、「私」の驚きや喜びなどの感情がいちいち書かれていたら、それは読者にとっては邪魔なものに感じられるのではないでしょうか。「黄金虫」の場合、「私」の心情を省略することで、ルグランの推理がより興味深く読者に伝わっていると考えられます。

ただ、その一方で、書かれていない「私」の心情を想像してみるのも読者の自由です。家が没落して貧しい暮らしをしているルグランが宝物を見つけてお金持ちになることを友人として喜んでいる、素直にそう想像することもできます。逆に、ルグラン一人がお金持ちになることを悔しく妬ましく思っている、少しひねくれてそう想像することも出来ます。後者の想像は、さらに友人同士である二人の関係への想像につながります。「黄金虫」の中では「私」が勝手にルグランの家に入って帰りを待っている場面がありますから、気のおけない仲だったのは確かでしょう。しかし、友人関係でもそこに優越関係や競争意識が生じないとは限りません。はたして「私」は読者に全てを語っているのでしょうか、本当のことを語っているのでしょうか。嘘をついていないとしても何も隠していないと言えるでしょうか。「私」の言葉を信じてもいいのでしょうか。

ここまで想像（妄想？）を膨らませれば、新しい小説を書き始められるようになるまでもう少しです。前に、読者は先行する小説を読み、魅力を感じ、面白いと思いながらも、不満を感じる、なぜこうなっているんだろうと思う、と言いました。不満・疑問を感じたところを、自分で納得できるように書きかえていくのが新しい小説への入口になります。

「黄金虫」において〈空所〉になっていた語り手「私」の心の動きの追加、そして詳しい点については〈空所〉となっていたルグランと「私」との関係の見直し。そして、「現実」的な「ロマンチック」ではない結末を考えてみる。今から百年前とはいえ、二十世紀の日本で海賊の隠した宝物を見つけるストーリーは時代遅れなのは確かです（時代遅れだから書いてはならない、読者に喜ばれないということではありません。当時も今も宝探しの物語は手を変え品を変えして生み出されています）。より今の「現実」に近づけるために、本物の宝物ではなくよくできたおもちゃの紙幣へと変える、それがきっかけとなって競争関係にある男たちの間に生じるストーリー。そして、語り手は、その全てを読者には伝えず、自分の感情をほのめかしつつも隠して、意外な結末で読者を驚かせるわけです。このようにして「黄金虫」は「二銭銅貨」へと書きかえられ、新しい小説として生まれ変わったわけです。

もちろん、これは小説を書きかえて新しい小説を生み出すためのアイディア、その出発点にすぎません。どのような文体で書くか、どのくらいの分量にするか等、実際に書いていく上で他にもいろいろなことを考えなくてはならないわけですが、このように小説の骨格をまず決めることで、一貫した流れの中で結末まで小説を書き続けることが容易になります。

最後に一つ付け加えると、江戸川乱歩自身は、ご存じのとおり「二銭銅貨」以降、「現実」離れした「ロマンチック」すぎるほどに「ロマンチック」な、メーターをふりきった小説を、そもそも「現実」など顧慮する必要があるだろうか、と言わんばかりに書き続けます。おそらく、そこに彼の考える小説の面白さ・魅力があったのだろう、と私は考えています。

実習編

エドガー・アラン・ポー
「黄金虫」

みなさんは昔の古い小説を読むことがあるでしょうか。教科書に載っている森鷗外「舞姫」や芥川龍之介「羅生門」、それに太宰治「走れメロス」のような明治から昭和にかけて書かれた小説を読んだことはあっても、自分から昔の小説を読むことはあまりない、という人が多いかもしれません。もちろん、教科書で出会ったそれらの作者たちの他の小説にも関心を向けて読んでいる、さらにそこから関心を広げているという人もいるでしょう。

あまり読んでいない人も、よく読んでいるという人も、これまでとは別の観点から古い小説を読んでみてはどうでしょうか、というのがこの章での実習で提案したいことです。

講義編で指摘したように、「黄金虫」と「二銭銅貨」の関係は後者の本文中で示唆されています。もちろん、このように親切な小説ばかりではなく、巧妙に書きかえる元になった小説を隠しているものもあります。そういう小説の元ネタを見つけ出すのも、小説を読む楽しみの一つではないかと私は考えています。みなさんに古い小説を読んでほしいのは、その小説自体の面白さを味わうためだけではなく、同時に身近にある新しい小説の元になっている小説と意外なところで出会える楽しさを体験してもらいたいからです。

この場合の「元になっている」というのは、直接の関係を指しているだけではありません。ここまで新しく書かれた小説には必ず元になる過去の小説があるということを説明してきましたが、その関係は連綿と過去に遡ることができ、また未来へと引き継がれているものなのです。みなさんが読んだ今年書かれたばかりの新しい小説、その小説は十年ほど前に書かれた少し古い小説を書きかえたものだとします。その十年前書かれた小説もまた、さらに十年前に書かれた小説を書きかえたものだったりするのです。この関係は延々と遡ることができ、おそらくまだ文字がない口承で物語が伝えられていた頃にまでたどれそうです（文字がないので記録されず最初の物語がどのようなものだったかはもうわからないわけですが）。だから、わたしたちは何段階もの書きかえる過程を経た、つまり間接的に百年前の小説を書きかえた現代の小説を読んでいるのかもしれないのです。

その一方で過去の小説を書きかえる関係は、大きく時代を飛んだりもします。たとえば千年以上前に書かれた平安時代の宮廷物語を書きかえて、現代を舞台にした小説を書くことも可能だからです。どれだけ昔に書かれた物語でも、それを読む人が現代にいれば、新たな小説に生まれ変わることがありえます。

というわけで、ここでみなさんに取り組んでもらいたいのは、ふだん読んでいる小説の元になっている物語・小説を探り当てることです。これは、本来多くの物語・小説を読んでいないと難しい、熟練の読者向けの課題と言ってもいいでしょう。ただ、目の付け所を知るとある程度は誰でもできるようになります。

たとえば、「二銭銅貨」の中で「黄金虫」の名前があがっていたように、ある小説の中に名前が出てきている他の物語・小説に注目するのです。まず、その物語・小説を実際に読んでみる。また、その物語・小説の作者が書いた他のものも読んでみる。また、ある小説の作者がエッセイやインタビューでふれていたり、面白いと言っている昔の小説を読んでみるのもいいでしょう。必ず、設定・ストーリー・登場人物・人間関係についての共通点が見つかります。見つかったらさらに一歩進んで、その昔の物語・小説がどのように現代の小説に書きかえられているのか、相違点を検証してみるのも面白いでしょう。講義編で私がしたように、共通点と相違点の一覧を作ってみるのも有効です。この作業を複数の小説で試みてみると、どのような点が引き継がれやすくて、どの様な点が書きかえられやすいのかという傾向を掴むこともできるでしょう。

また、一つの小説を書く際に、書きかえられる元となった物語・小説が一つだけということはありません。たとえば、高校の国語の教科書に採用されているために多くの人に読まれている芥川龍之介「羅生門」（『帝国文学』一九一五年十一月。ただ、「網走まで」と同様に、私たちが教科書

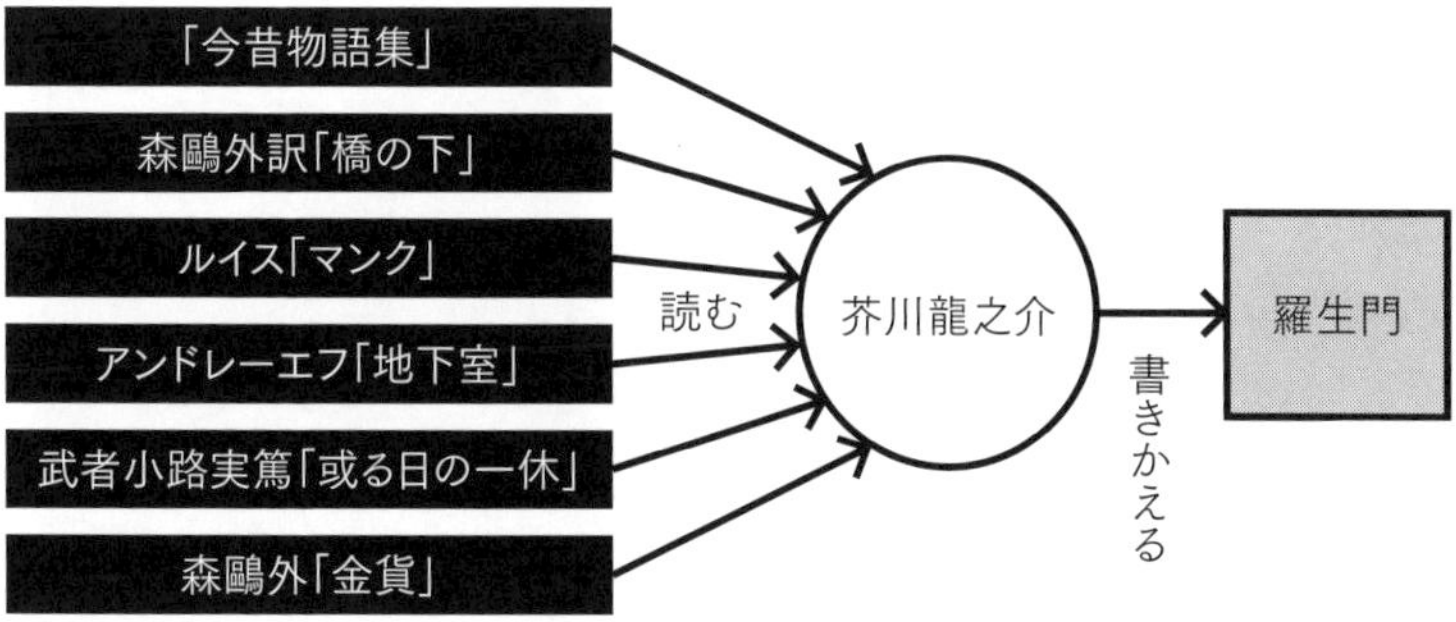

図5　〈引用〉の関係は一対一ではない

や文庫本で読んでいるのは、単行本に収録される際に改稿されたもので、有名な「下人の行方は、誰も知らない」という結末の一文はその際に追加されました）は、平安時代の説話集「今昔物語集」に収録された説話（噂話のような物語）を書き換えたものですが、それだけではなく様々な近代の小説を取り入れているという指摘が芥川龍之介の研究者や評論家たちによってなされています。［図5］

一つ一つの小説を誰が指摘したのかについては、煩雑になりますのでここでは省略しますが、「今昔物語集」と「羅生門」の以下のような相違点は、芥川龍之介が読んでいたであろう、複数の小説との関係から説明できるのです。

・主人公が初めから盗賊である／初めは生きるために盗みをすべきか迷っている
・主人公は初めから悪行をなすつもりである／老人の話を聞いた末に強盗をする

・雨が降っていない／降っている

ある小説について、いろいろな人が書きかえる元になった小説を見つけることで、その小説がどのように作られたのか、ということをより詳しく明らかにできます。複数の物語・小説の要素を組み合わせることで、新たな小説が生み出せる。こういう観点を持てると、小説を書くにしても、読むにしてもずいぶん違ったアプローチが可能になるでしょう。

この物語・小説は、後に書かれた物語や小説の元ネタになっているのではないか、ということを意識しながら読むと、昔の物語・小説の読み方もずいぶん変わると思います。古くさい、自分とは遠く離れていると思っていたものが、実は身近なよく知っているものの源流だったりするわけです。どのように書かれたのか、ということを意識していると、小説を書くことについても、読むことについても新しい世界が開けるのです。

課題

自分が選んだ小説を題材にして、その小説の元ネタである小説を見つけなさい。共通点と相違点をそれぞれ五個以上挙げること。

過去の作品を読み、書き換えることで新しい小説を生み出している、という関係を見つけられるようになるためには、数多くの小説、また詩歌や戯曲、更には映画やマンガなどにふれることで、ストーリーや登場人物の設定、それに表現についての知識を蓄積することが、遠回りのようで一番の近道となります。また、これは、何を元ネタにしているのか、逆にこれは何かの元ネタになっていないだろうか、という発想をもって読むかどうかで、ずいぶん違いが出てきます。

小説によっては、自分がどのような過去の作品を書き換えることで生まれたのか、生まれ変わったのか、ということについてのヒントを与えてくれているものもあります。たとえば、第一章でタイトルをあげた田山花袋「蒲団」は、作中に書きかえる元となったハウプトマンの戯曲「寂しき人々」やツルゲーネフの小説「ファースト」（ファウスト）というタイトルが出てきて、決して作者の体験をそのまま小説化したものでないことを示してくれています。繰り返しになりますが、小説の中に他の様々なジャンルの作品の名前が出てくる場合は要注意なのです。

もちろん、小説に限らず、詩歌・映画・マンガというのは、元ネタになった過去の小説・詩歌・映画・マンガを知らなくても読むことができるようになっています。序章で述べたように、読者は自由に、どのように読んでも（見ても）かまわないので、こういう読み方（見方）をしなければならないということはありません。その様々な読み方の一つに、どのような先行する作品をどのように書きかえているか、があると考えてもらえばいいと思います。

第三章　〈空所〉を探しながら読む

テクスト

女の決闘

オイレンベルク
Herbert Eulenberg
森鷗外＝訳

『奇妙な物語集』1910年

古来例のない、非常な、この出来事には、左の通りの短い行掛りがある。

　ロシアの医科大学の女学生が、ある晩の事、何の学科やらの、高尚な講義を聞いて、下宿へ帰って見ると、卓の上にこんな手紙があった。宛名も何も書いてない。「あなたの御関係なすっておいでになる男の事を、ある偶然の機会で承知しました。その手続きはどうでも好い事だから、申しません。わたくしはその男の妻だと、只今まで思っていた女です。わたくしはあなたの人柄を推察して、こう思います。あなたは決して自分のなすった事の成行《なりゆき》がどうなろうと、その成行のために、前になすった事の責を負わない方ではありますまい。またあなたは御自分に対して侮辱を加えた事のない第三者を侮辱して置きながら、その責を逃れようとなさる方でも決してありますまい。わたくしはあなたが、たびたび拳銃で射撃をなさる事を承っています。わたくしはこれまで武器というものを手にした事がありませんから、あなたのお腕前がどれだけあろうとも、拳銃射撃は、わたくしよりあなたの方がお上手だと信じます。

　そこでわたくしはあなたに要求します。それは明日午前十時に、下に書き記してある停車場へ拳銃御持参で、おいで下されたいと申す事です。この要求を致しますのに、わたくしの方で対等以上の利益を有しているとは申されますまい。わたくしも立会人を連れて参りませんから、あなたもお連《つれ》にならないように希望いたします。ついでながら申しますが、この事件について、前以て問題の男に打明ける必要はないと信じます。その男にはわたくしが好い加減な事を申して、今明日の間遠方に参っていさせるように致しました。」

この文句の次に、出会うはずの場所が明細に書いてある。名前はコンスタンチェとして、その下に書いた苗字を読める位に消してある。

この手紙を書いた女は、手紙を出してしまうと、直ぐに町へ行って、銃を売る店を尋ねた。そして笑《じょう》談《だん》のように、軽い、好い拳銃を買いたいと云った。それから段々話し込んで、譃《うそ》に尾鰭《おひれ》を付けて、賭をしているのだから、拳銃の打方を教えてくれと頼んだ。そして店の主人と一しょに、裏の陰気な中庭へ出た。その時女は、背後から拳銃を持って付いて来る主人と同じように、笑談らしく笑っているように努力した。

中庭の側には活版所がある。それで中庭に籠っている空気は鉛の匂《におい》がする。この辺の家の窓は、五味《ごみ》で茶色に染まっていて、その奥には人影が見えぬのに、女の心では、どこの硝子の背後にも、物珍らしげに、好い気味だというような顔をして、覗いている人があるように感ぜられた。ふと気が付いて見れば、中庭の奥が、古木の立っている園に続いていて、そこに大きく開いた黒目のような、的が立ててある。それを見た時女の顔は火のように赤くなったり、灰のように白くなったりした。店の主人は子供に物を言って聞かせるように、引金や、弾丸を込める所や、筒や、照尺を一々見せて、射撃の為方《しかた》を教えた。弾丸を込める所は、一度射撃するたびに、おもちゃのように、くるりと廻るのである。それから女に拳銃を渡して、始めての射撃をさせた。

女は主人に教えられた通りに、引金を引こうとしたが、動かない。一本の指で引けと教えられたに、内々二本の指を掛けて、力一ぱいに引いて見た。その時耳ががんと云った。弾丸は三歩程前の地面に中《あた》って、弾かれて、今度は一つの窓に中った。窓ががらがらと鳴って壊れたが、その音は女の耳には聞えなかった。どこか屋根の上に隠れて止まっていた一群の鳩が、驚いて飛び立って、たださえ暗い中庭を、一刹那の間一層暗くした。

聾になったように平気で、女はそれから一時間程の間、やはり二本の指を引金に掛けて引きながら射撃の稽古をした。一度打つたびに臭い煙が出て、胸が悪くなりそうなのを堪えて、そのくせその匂を好きな匂ででもあるように吸い込んだ。余り女が熱心なので、主人も吊り込まれて、熱心になって、女が六発打ってしまうと、直ぐに跡の六発の弾丸を込めて渡した。

夕方であったのが、夜になって、的の黒白の輪が一つの灰色に見えるようになった時、女はようよう稽古を止めた。今まで逢ったこともないこの男が、女のためには古い親友のように思われた。

「この位稽古しましたら、そろそろ人間の猟をしに出掛けられますでしょうね」と、笑談のようにこの男に言ったら、この場合に適当だろうと、女は考えたが、手よりは声の方が余計に顫《ふる》いそうなので、そんな事を言うのは止しにした。そこで金を払って、礼を云って店を出た。

例の出来事を発明してからは、まだ少しも眠らなかったので、女はこれで安心して寝ようと思って、六連発の拳銃を抱いて、床の中へ這入《はい》った。

翌朝約束の停車場で、汽車から出て来たのは、二人の女の外には、百姓二人だけであった。停車場は寂しく、平地に立てられている。定木で引いた線のような軌道がずっと遠くまで光って走っていて、その先は地平線のあたりで、一つになって見える。左の方の、黄いろみ掛かった畑を隔てて村が見える。停車場には、その村の名が付いているのである。右の方には砂地に草の生えた原が、眠たそうに広がっている。

二人の百姓は、町へ出て物を売った帰りと見えて、停車場に附属している料理店に坐り込んで祝盃を挙げている。

そこで女二人だけ黙って並んで歩き出した。女房の方が道案内をする。その道筋は軌道を越して野原の方へ這入り込む。この道は暗緑色の草がほとんど土を隠す程茂っていて、その上に荷車の通った轍《わだち》の跡が二本走っている。

薄ら寒い夏の朝である。空は灰色に見えている。

道で見た二三本の立木は、大きく、不細工に、この陰気な平地に聳《そび》えている。丁度森が歩哨を出して、それを引っ込めるのを忘れたように見える。そここに、低い、片羽のような、病気らしい灌木が伸びようとして伸びずにいる。

二人の女は黙って並んで歩いている。まるきり言語の通ぜぬ外国人同士のようである。いつも女房の方が一足先に立って行く。多分そのせいで、女学生の方が何か言ったり、問うて見たりしたいのを堪えているかと思われる。

遠くに見えていた白樺の白けた森が、次第にゆるゆると近づいて来る。手入をせられた事のない、銀鼠色の小さい木の幹が、勝手に曲りくねって、髪の乱れた頭のような枝葉を戴いて、一塊になっている。そして小さい葉に風を受けて、互に囁《ささや》き合っている。

この森の直ぐ背後で、女房は突然立ち留まった。その様子が今まで人に追い掛けられていて、この時決心して自分を追い掛けて来た人に向き合うように見えた。

「お互に六発ずつ打つ事にしましょうね。あなたがお先へお打ちなさい。」

「ようございます。」

二人の交えた会話はこれだけであった。

女学生ははっきりした声で数を読みながら、十二歩歩いた。そして女房のするように、一番はずれの白樺の幹に並んで、相手と向き合って立った。

周囲の草原はひっそりと眠っている。停車場から鐸《すず》の音が、ぴんぱんぴんぱんというように遠く聞える。丁度時計のセコンドのようである。セコンドや時間がどうなろうと、そんな事は、もうこの二人には用がないのである。女学生の立っている右手の方に浅い水溜《みずたまり》があって、それに空が白く映っている。それが草原の中に牛乳をこぼしたように見える。白樺の木共はこれから起って来る、珍らしい出来事を見ようと思うらしく、互に摩り寄って、頸《くび》を長くして、声を立てずに見ている。

女学生が最初に打った。自分の技倆に信用を置いて相談に乗ったのだと云う風で、落ち着いてゆっくり発射した。弾丸は女房の立っている側の白樺の幹をかすって力がなくなって地に落ちて、どこか草の間に隠れた。

その次に女房が打ったが、やはり中《あた》らなかった。

それから二人で交る代る、熱心に打ち合った。銃の音は木精《こだま》のように続いて鳴り渡った。

その中女学生の方が先へ逆せて来た。そして弾丸が始終高い所ばかりを飛ぶようになった。

女房もやはり気がぼうっとして来て、なんでももう百発も打ったような気がしている。その目には遠方に女学生の白いカラが見える。それをきのう的を狙ったように狙って打っている。その白いカラの外《ほか》には、なんにも目に見えない。消えてしまったようである。自分の踏んでいる足下の土地さえ、あるかないか覚えない。

突然、今自分は打ったか打たぬか知らぬのに、前に目に見えていた白いカラが地に落ちた。そして外国語で何か一言言うのが聞えた。

その刹那に周囲のものが皆一塊になって見えて来た。灰色の、じっとして動かぬ大空の下の暗い草原、それから白い水潦《みずたまり》、それから側のひょろひょろした白樺の木などである。白樺の木の葉は、この出来事をこわがっているように、風を受けて囁き始めた。

女房は夢の醒めたように、堅い拳銃を地に投げて、着物の裾をまくって、その場を逃げ出した。


女房は人けのない草原を、夢中になって駈けている。ただ自分の殺した女学生のいる場所からなるたけ遠く逃げようとしているのである。跡には草原の中に赤い泉が涌き出したように、血を流して、女学生の体が横《よこた》わっている。

女房は走れるだけ走って、草臥《くたび》れ切って草原のはずれの草の上に倒れた。余り駈けたので、体中の脈がぴんぴん打っている。そして耳には異様な囁きが聞える。「今血が出てしまって死ぬるのだ」というようである。

こんな事を考えている内に、女房は段々に、しかもよほど手間取って、落ち着いて来た。それと同時に草原を物狂わしく走っていた間感じていた、旨く復讐をし遂げたという喜《よろこび》も、次第に詰まらぬものになって来た。丁度向うで女学生の頸の創《きず》から血が流れて出るように、胸に満ちていた喜が逃げてしまうのである。「これで敵を討った」と思って、物に追われて途方に暮れた獣のように、夢中で草原を駈けた時の喜は、いつか消えてしまって、自分の上を吹いて通る、これまで覚えた事のない、冷たい風がそれに代ったのである。なんだか女学生が、今死んでいるあたりから、冷たい息が通って来て、自分を凍えさせるようである。たった今まで、草原の上をよろめきながら飛んでいる野の蜜蜂が止まったら、羽を焦してしまっただろうと思われる程、赤く燃えていた女房の顳顬《こめかみ》が、大理石のように冷たくなった。大きい為事《しごと》をして、ほてっていた小さい手からも、血が皆どこかへ逃げて行ってしまった。

「復讐というものはこんなに苦い味のものか知ら」と、女房は土の上に倒れていながら考えた。そして無意識に唇を動かして、何か渋いものを味わったように頬をすぼめた。しかしこの場を立ち上がって、あの倒れている女学生の所へ行って見るとか、それを介抱して遣《や》るとかいう事は、どうしてもして遣りたくない。女房はこの出来事に体を縛り付けられて、手足も動かされなくなっているように、冷淡な心持をして、時の立つのを待っていた。そしてこの間に相手の女学生の体からは血が流れて出てしまうはずだと思っていた。

夕方になって女房は草原で起き上がった。体の節々が狂っていて、骨と骨とが旨く食い合わないような気がする。草臥れ切った頭の中では、まだ絶えず拳銃を打つ音がする。頭の狭い中で、決闘がまたしては繰返されているようである。この辺の景物が低い草から高い木まで皆黒く染まっているように見える。そう思って見ている内に、突然自分の影が自分の体を離れて、飛んで出たように、目の前を歩いて行く女が見えて来た。黒い着物を着て、茶色な髪をして白く光る顔をして歩いている。女房はその自分の姿を見て、丁度他人を気の毒に思うように、その自分の影を気の毒に思って、声を立てて泣き出した。

きょうまで暮して来た自分の生涯は、ぱったり断ち切られてしまって、もう自分となんの関係もない、白木の板のようになって自分の背後から浮いて流れて来る。そしてその上に乗る事も、それを拾い上げる事も出来ぬのである。そしてこれから先き生きているなら、どんなにして生きていられるだろうかと想像して見ると、その生活状態の目の前に建設せられて来たのが、如何《いか》にもこれまでとは違った形をしているので、女房はそれを見ておののき恐れた。譬《たと》えば移住民が船に乗って故郷の港を出る時、急に他郷がこわくなって、これから知らぬ新しい境へ引き摩られて行くよりは、むしろこの海の沈黙の中へ身を投げようかと思うようなものである。

そこで女房は死のうと決心して、起ち上がって元気好く、項《うなじ》を反《そら》せて一番近い村をさして歩き出した。

女房は真っ直に村役場に這入《はい》って行ってこう云った。「あの、どうぞわたくしを縛って下さいまし、わたくしは決闘を致しまして、人を一人殺しました。」

それを聞いた役場の書記二人はこれまで話に聞いた事もない出来事なので、女房の顔を見て微笑《ほほえ》んだ。少し取り乱してはいるが、上流の奥さんらしく見える人が変な事を言うと思ったのである。書記等は多分これはどこかから逃げて来た女気違だろうと思った。

女房は是非縛って貰《もら》いたいと云って、相手を殺したという場所を精《くわ》しく話した。

それから人を遣って調べさせて見ると相手の女学生はおおよそ一時間程前に、頸の銃創から出血して死んだものらしかった。それから二本の白樺の木の下の、寂しい所に、物を言わぬ証拠人として拳銃が二つ棄ててあるのを見出した。拳銃は二つ共、込めただけの弾丸を皆打ってしまってあった。そうして見ると、女房の持っていた拳銃の最後の一弾が気まぐれに相手の体に中ろうと思って、とうとうその強情を張り通したものと見える。

女房は是非このまま抑留して置いて貰いたいと請求した。役場では、その決闘というものが正当な決闘であったなら、女房の受ける処分は禁獄に過ぎぬから、別に名誉を損ずるものではないと、説明して聞かせたけれど、女房は飽くまで留めて置いて貰おうとした。

女房は自分の名誉を保存しようとは思っておらぬらしい。たったさっきまで、その名誉のために一命を賭したのでありながら、今はその名誉を有している生活というものが、そこに住う事も、そこで呼吸をする事も出来ぬ、雰囲気のない空間になったように、どこへか押し除けられてしまったように思われるらしい。丁度死んでしまったものが、もう用がなくなったので、これまで骨を折って覚えた言語その外の一切の物を忘れてしまうように、女房は過去の生活を忘れてしまったものらしい。

女房は市へ護送せられて予審に掛かった。そこで未決檻に入れられてから、女房は監獄長や、判事や、警察医や、僧侶に、繰り返して、切に頼み込んで、これまで夫としていた男に衝《つ》き合せずに置いて貰う事にした。そればかりではない。その男の面会に来ぬようにして貰った。それから色々な秘密らしい口《こう》供《きょう》をしたりまたわざと矛盾する口供をしたりして、予審を二三週間長引かせた。その口供が故意にしたのであったという事は、後になって分かった。

ある夕方女房は檻房の床の上に倒れて死んでいた。それを見附けて、女の押丁《おうてい》が抱いて寝台の上に寝かした。その時女房の体が、着物だけの目方しかないのに驚いた。女房は小鳥が羽の生えたままで死ぬように、その着物を着たままで死んだのである。跡から取調べたり、周囲の人を訊問して見たりすると、女房は檻房に入れられてから、絶食して死んだのであった。渡された食物に手を付けなかったり、また無理に食わせられてはならぬと思って、人の見る前では呑み込んで、直ぐそれを吐き出したこともあったらしい。丁度相手の女学生が、頸の創から血を出して萎びて死んだように女房も絶食して、次第に体を萎びさせて死んだのである。

遺物を取り調べて見たが、別に書物もなかった。夫としていた男に別《わかれ》を告げる手紙もなく、子供等に暇乞《いとまごい》をする手紙もなかった。ただ一度檻房へ来た事のある牧師に当てて、書き掛けた短い手紙が一通あった。牧師は誠実に女房の霊を救おうと思って来たのか、物珍らしく思って来て見たのか、それは分からぬが、兎に角一度来たのである。この手紙は牧師の二度と来ぬように、謂わば牧師を避けるために書く積りで書き始めたものらしい。煩悶して、こんな手紙を書き掛けた女の心を、その文句が幽《かす》かに照し出しているのである。

「先日おいでになった時、大層御尊信なすっておいでの様子で、お話になった、あのイエス・クリストのお名に掛けて、お願致します。どうぞ二度とお尋下さいますな。わたくしの申す事を御信用下さい。わたくしの考ではもしイエスがまだ生きておいでなされたなら、あなたがわたくしの所へおいでなさるのを、お遮りなさる事でしょう。昔天国の門に立たせて置かれた、あの天使のように、イエスは燃える抜身を手にお持《もち》になって、わたくしのいる檻房へ這入ろうとする人をお留《とめ》なさると存じます。わたくしはこの檻房から、わたくしの逃げ出して来た、元の天国へ帰りたくありません。よしや天使が薔薇の綱をわたくしの体に巻いて引き入れようとしたとて、わたくしは帰ろうとは思いません。なぜと申しますのに、わたくしがそこで流した血は、決闘でわたくしの殺した、あの女学生の創から流れて出た血のようにもう元へは帰らぬのでございます。わたくしはもう人の妻でもなければ人の母でもありません。もうそんなものには決してなられません。永遠になられません。ほんにこの永遠という、たっぷり涙を含んだ二字を、あなた方どなたでも理解して尊敬して下されば好いと存じます。」

「わたくしはあの陰気な中庭に入り込んで、生れてから初めて、拳銃というものを打って見ました時、自分が死ぬる覚悟で致しまして、それと同時に自分の狙っている的は、即ち自分の心の臓だという事が分かりました。それから一発一発と打つたびに、わたくしは自分で自分を引き裂くような愉快を味わいました。この心の臓は、元は夫と子供の側で、セコンドのように打っていて、時を過ごして来たものでございます。それが今は数知れぬ弾丸に打ち抜かれています。こんなになった心の臓を、どうして元の場所へ持って行かれましょう。よしやあなたが主、御自身であっても、わたくしを元へお帰しなさる事はお出来になりますまい。神様でも、鳥よ虫になれとは仰しゃる事が出来ますまい。先へその鳥の命をお断ちになってからでも、そう仰しゃる事は出来ますまい。わたくしを生きながら元の道へお帰らせなさる事のお出来にならないのも、同じ道理でございます。幾らあなたでも人間のお詞《ことば》で、そんな事を出来そうとは思召《おぼしめ》しますまい。」

「わたくしは、あなたの教《おしえ》で禁じてある程、自分の意志のままに進んで参って、跡を振り返っても見ませんでした。それはわたくし好く存じています。しかしどなただって、わたくしに、お前の愛しようは違うから、別な愛しようをしろと仰しゃる事は出来ますまい。あなたの心の臓はわたくしの胸には嵌《は》まりますまい。またわたくしのはあなたのお胸には嵌まりますまい。あなたはわたくしを、謙遜を知らぬ、我慾の強いものだと仰しゃるかも知れませんが、それと同じ権利で、わたくしはあなたを、気の狭い卑屈な方だと申す事も出来ましょう。あなたの尺度でわたくしをお測りになって、その尺度が足らぬからと言って、わたくしを度はずれだと仰しゃる訳には行きますまい。あなたとわたくしとの間には、対等の決闘は成り立ちません。お互に手に持っている武器が違います。どうぞもうわたくしの所へおいで下さいますな。切にお願《ねがい》申します。」

「わたくしのためには自分の恋愛が、丁度自分の身を包んでいる皮のようなものでございました。もしその皮の上に一寸した染《しみ》が出来るとか、一寸した創が付くとかしますと、わたくしはどんなにしてでも、それを癒やしてしまわずには置かれませんでした。わたくしはその恋愛が非常に傷けられたと存じました時、そのために、長煩いで腐って行くように死なずに、意識して、真っ直ぐに立ったままで死のうと思いました。わたくしは相手の女学生の手で殺して貰おうと思いました。そうしてわたくしの恋愛を潔く、公然と相手に奪われてしまおうと存じました。」

「それが反対になって、わたくしが勝ってしまいました時、わたくしはただ名誉を救っただけで、恋愛を救う事が出来なかったのに気が付きました。総ての不治の創の通りに、恋愛の創も死ななくては癒えません。それはどの恋愛でも傷けられると、恋愛の神が侮辱せられて、その報いに犠牲を求めるからでございます。決闘の結果は予期とは相違していましたが、兎に角わたくしは自分の恋愛を相手に渡すのに、身を屈めて、余儀なくせられて渡すのではなく、名誉を以て渡そうとしたのだというだけの誇を持っています。」

「どうぞ聖者の毫光《ごうこう》を御尊敬なさると同じお心持で、勝利を得たものの額の月桂冠を御尊敬なすって下さいまし。」

「どうぞわたくしの心の臓をお労わりなすって下さいまし。あなたの御尊信なさる神様と同じように、わたくしを大胆に、偉大に死なせて下さいまし。わたくしは自分の致した事を、一人で神様の前へ持って参ろうと存じます。名誉ある人妻として持って参ろうと存じます。わたくしは十字架に釘付けにせられたように、自分の恋愛に釘付けにせられて、数多の創から血を流しています。こんな恋愛がこの世界で、この世界にいる人妻のために、正当な恋愛でありましたか、どうでしたか、それはこれから先の第三期の生活に入ったなら、分かるだろうと存じます。

わたくしが、この世に生れる前と、生れてからとで
経験しました、第一期、第二期の生活では、それが
教えられずにしまいました。」

講義編

「女の決闘」
オイレンベルク

「女の決闘」の語り手

第一章と第二章で読んできた二つの小説を通して、小説を読む時に読者は書かれてある文章を読むだけではなく、書かれていない〈空所〉を想像で埋めているということと、〈空所〉を自分の想像で埋めようと試みることが、書くこと、創作の糸口になることを説明してきました。

三つ目の小説「女の決闘」は、それを自分自身で試みてもらうために用意しました。

実は、既にある有名な小説家が、この「女の決闘」の〈空所〉を埋めることで新しい小説を創造しているのです。その小説家が誰なのか、どのように〈空所〉を埋めているのか、については次章で説明するとして、ここではまずみなさんに「女の決闘」の〈空所〉を探してもらおうと思っています。

その前にまず「女の決闘」という小説について基本的な設定等を確認しておきましょう。前の二つの小説はいずれも「私」と名乗る語り手が読者に情報を伝えていましたが、「女の決闘」にはそういう語り手が見つかりません。こういう語り方の小説を「三人称の小説」と呼ぶことは、「二銭銅貨」を取り上げた際に既に述べたとおりです。いわばテレビのドラマやアニメ、ドキュメンタリーなどのナレーター（日本語で言うと語り手になるわけですが）が状況を説明するように、読者に情報を伝えています。

このタイプの小説はさらに二つに分類できます。一つは、まるで語り手《ナレーター》が一人の登場人物に憑依して彼女・彼が見たこと・聞いたことを伝える語り方のもので、もう一つが語り手《ナレーター》が場面に応じて様々な登場人物に憑依して彼らの見聞や思考を伝え、その一方で登場人物も知らない情報までも読者に伝えてくる語り方のものです（後者は、厳密に言えばさらに細かく分けることもできるのですが、「女の決闘」について説明する上では必要が無いので省略します）。

三人称といった時に、多くの人がイメージするのは後者の方ではないかと思いますし、一人の登場人物に憑依する方は実は一人称の小説とほとんど変わらなかったりして、「三人称の小説」としての醍醐味が少なかったりします。実際「女の決闘」も場面に応じて憑依する相手、すなわち視点となる人物が変わる小説なので選んだということもあります。

「女の決闘」の冒頭では、自分の部屋に帰ってきた小説中で「女学生」と呼ばれている女性に憑依してテーブルの上に置かれていた手紙を彼女と一緒に読みます。手紙を読み終えると、その手紙を書いた「女房」と呼ばれている女性の許に飛んで彼女が拳銃を買い、それを実際に撃つ練習をする様子を伝えます。女子学生については、彼女が手紙を読んでどう思ったかといったことについて伝えたりはしなかった語り手ですが、「女房」については、「笑談らしく笑っているように努力した」とか、「物珍らしげに、好い気味だというような顔をして、覗いている人があるように感ぜられた」といった「心」を伝えています。「女の顔は火のように赤くなったり、灰のように白くなったりした」というように外側から「女房」を見ているような記述もあり、初めて銃を撃つ不安を彼女に寄り添って伝えています（119頁。ここで使った「寄り添って」という言い方はこのタイプの語り手について説明する時によく使う言い回しなので覚えておいてください）。

その後実際に「女学生」と「女房」が決闘をする場面では、語り手はどちらに憑依することもなく外側から二人の女性の行動・言動を伝えます。停車場から決闘の場となった森に向かう途中の記述では、「女学生の方が何か言ったり、問うて見たりしたいのを堪えているかと思われる」という、登場人物と距離を取った表現があるくらいです（121頁。ここでは語り手が前面に出て自分にわからないことを推測する、という表現になっていますが、それについては次章でまたふれます）。しかし、決着が付き、生きている者が「女房」一人になったところから再び彼女に寄り添って、「こんな事を考えている内に、女房は段々に、しかもよほど手間取って、落ち着いて来た。それと同時に草原を物狂わしく走っていた間感じていた、旨く復讐をし遂げたという喜も、次第に詰まらぬものになって来た」というように、その心理をかなり詳しく伝え始めます（122頁）。

ただ、それも「女房」が村役場にたどり着くまでで、役場の書記二人に寄り添って「少し取り乱してはいるが、上流の奥さんらしく見える人が変な事を言うと思ったのである」と彼らの思ったことを伝えた（124頁）後は、語り手は「女房」を外から描くだけにとどまります。その代わりに、最後に引用されている牧師に宛てた手紙が彼女の心情を読者に伝えているわけです。

このように「女の決闘」は、語り手の立ち位置を状況・場面ごとに変更して、読者に情報を伝えたり、隠したりすることで書かれた小説です。前にも述べたように、このような情報のコントロールが三人称と呼ばれる小説を書く際の醍醐味であり、また読む際の注意点でもあります。書く際には、何を伝えるかということと同時に何を伝えないかをよく考えなければなりませんし、また読む際には、何が伝えられているかということと同時に何を伝えられていないかを読み取らなければなりません。前に述べた〈空所〉の作り方ということですが、では、「女の決闘」にはどのような〈空所〉があるのでしょうか。

「女の決闘」の〈空所〉

大学の実習では、学生に「女の決闘」の〈空所〉を探させて、その上で、この小説を書き換えたある有名な小説家が、どのようにその〈空所〉を埋めて書き換えたのか考えてみよう、という課題を出しています。

その課題では、たとえば以下のような〈空所〉が見つけられています。

・女房が夫と女学生の関係を知った経緯
・女房が女学生の下宿を知った経緯
・女学生と女房の夫との関係
・女房の夫の素性や性格
・女学生の性格
・女学生が決闘を受けた理由
・女学生が撃たれた際に言った外国語の内容
・女房の夫が決闘について知った時の反応
・女房の夫のその後

これらの〈空所〉について、実習の中で話し合っていると、たとえば「女学生」の性格はきついだろうと言う人もいれば、真面目なので「女房」の夫にだまされているんだと言う人もいたりします。また夫のその後についてもショックを受けて自殺したと考える人もいれば、不倫をするような男だからふてぶてしく生き延びたと考える人もいます。書かれていないことですから、どちらが正解ということはないのですが、書かれていることを根拠として、それぞれに違う〈空所〉の埋め方をしているわけです。

更に、ある有名な小説家がどのようにその〈空所〉を埋めて書き換えたのかについても、それぞれの〈空所〉ごとに様々な課題を書いてきます。やはり、「女房」については一番多く語り手が寄り添って彼女の心情を語っているので、あまり情報の無い「女学生」や、決闘の原因となった「女房」の夫について、〈空所〉を埋めて書き足したというように考える人が多いです。たとえば、夫は大学の教授で「女学生」は教え子だったというように二人の関係を追加してその出会いを書くとか、わざわざ決闘を受ける以上「女学生」は男のことをかなり愛していたのだろうから、その二人の関係を書いたのではないか、というような推測が行なわれたりもしています。みなさんはどのように考えるでしょうか。

もちろん、今あげた以外の〈空所〉もまだまだ考えられます。それについては、実習編で述べることにします。

実習編

オイレンベルク「女の決闘」

この章では既に講義編の方で、「女の決闘」を題材にした大学での実習についてふれてしまっています。ただ、そちらではどのように〈空所〉を埋めて書き換えたのか、考えてみるということにとどまっていましたが、本書ではどのように書き換えたのか、実際に自分自身で考えた通りに書いて試してみてもらいたいのです。

「女の決闘」全てに関して書く必要はありません。たとえば、「女学生」が「女房」からの手紙を読んだ後、何を思い、どうして決闘を受ける気になったのかを書くだけでもいいのです。冒頭で手紙を読んだ後、翌日停車場に現れるまで「女学生」が何をしていたのか、全く読者に情報は与えられていません。潔く決闘を受け入れたのか、逡巡の末決闘せざるを得ないと考えたのか、またそのどちらでもないのか、それはわかりませんが、様々に想像することはできるでしょう。講義編でふれた、停車場から決闘の場となった森に向かうまでの間についての、

「女学生の方が何か言ったり、問うて見たりしたいのを堪えているかと思われる」という記述が、想像を大きく膨らませてくる契機になるかもしれません。

更に、想像を広げましょう。「女房」の手紙には、「男にはわたくしが好い加減な事を申して、今明日の間遠方に参っていさせるように致しました」と書いてありますが、たとえば男がその指示に従わず遠方には行っていないということは考えられないでしょうか。彼女は、夫は旅に出たと信じて書いていますが、実際に彼がそうしたかはわかりません。決闘後の夫についてては、「女房」が面会を拒絶したということがわかるだけで、旅先から戻ってきたというようなことは書かれていません。もちろん、特に書く必要がないから書いていないだけかもしれませんが、行ったということも「女房」の手紙以外では書かれていないわけです。実際、大学の実習でも、実は夫は二人の女の決闘を見ていたのではないか、という想像をする人もいました。

これまでも述べてきましたが、書かれていないことについて読者が想像するのは自由です。もちろん、書いてあることと完全に矛盾する想像は他の読者から受け入れられなかったりするかもしれません。でも、書いてあることをどう解釈するかによってその自由はかなり大きく広がります。

課題

「女の決闘」を題材にして、自分の想像に従って、原作では書かれていない箇所を書き足してみてください。語り手の設定は自由とします。できれば二千字以上が望ましいです。

では、次の章ではある有名な小説家、太宰治が書きかえた小説を読んでもらいましょう。みなさんが書き足したものとどのくらい異なっているでしょうか。

第四章　〈空所〉を想像で埋めて書きかえる

テクスト

女の決闘

太宰治

『月刊文章』一九四〇（昭和十五）年一月〜六月

第一

一回十五枚ずつで、六回だけ、私がやってみることにします。こんなのは、どうだろうかと思っている。たとえば、ここに、鷗外《おうがい》の全集があります。勿《もち》論《ろん》、よそから借りて来たものである。私には、蔵書なんて、ありやしない。私は、世の学問というものを軽蔑して居ります。たいてい、たかが知れている。ことに可笑《おか》しいのは、全く無学文盲の徒に限って、この世の学問にあこがれ、「あの、鷗外先生のおっしゃいますることには、」などと、おちょぼ口して、いつ鷗外から弟子《でし》のゆるしを得たのか、先生、先生を連発し、「勉強いたして居ります。」と殊勝《しゅしょう》らしく、眼を伏せて、おそろしく自己を高尚に装《よそお》い切ったと信じ込んで、澄ましている風景のなかなかに多く見受けられることである。あさましく、かえって鷗外のほうでまごついて、赤面するにちがいない。勉強いたして居ります。というのは商人の使う言葉である。安く売る、という意味で、商人がもっぱらこの言葉を使用しているようである。なお、いまでは、役者も使うようになっている。曾我廼家《そがのや》五郎とか、また何とかいう映画女優などが、よくそんな言葉を使っている。どんなことをするのか見当もつかないけれども、とにかく、「勉強いたして居ります。」とさかんに神妙がっている様子である。彼等には、それでよいのかも知れない。すべて、生活の便法である。非難すべきではない。けれども、いやしくも作家たるものが、鷗外を読んだからと言って、急に、なんだか真面目くさくなって、「勉強いたして居ります。」などと、澄まし込まなくてもよさそうに思われる。それでは一体、いままで何を読んでいたのだろう。甚《はなは》だ心細い話である。ここに鷗外の全集があります。私が、よそから借りて来たものであります。これを、これから一緒に読んでみます。きっと諸君は、「面白い、面白い、」とおっしゃるにちがいない。鷗外は、ちっとも、むずかしいことは無い。いつでも、やさしく書いて在る。かえって、漱石のほうが退屈である。鷗外を難解な、深遠のものとして、衆俗のむやみに触れるべからずと、いかめしい禁札を張り出したのは、れいの「勉強いたして居ります。」女史たち、あるいは、大学の時の何々教授の講義ノオトを、学校を卒業して十年のちまで後生大事に隠し持って、機会在る毎にそれをひっぱり出し、ええと、美は醜ならず、醜は美ならず、などと他愛ない事を呟《つぶや》き、やたらに外国人の名前ばかり多く出て、はてしなく長々しい論文をしたため、なむ学問なくては、かなうまい、としたり顔して落ちついている謂《い》わば、あの、研究科の生徒たち。そんな人たちは、窮極に於いて、あさましい無学者にきまっているのであるが、世の中は彼等を、「智慧ある人」として、畏敬するのであるから、奇妙である。鷗外だって、嘲《あざけ》っている。鷗外が芝居《しばい》を見に行ったら、ちょうど舞台では、色のあくまでも白い侍《さむらい》が、部屋の中央に端坐《たんざ》し、「どれ、書見《しょけん》なと、いたそうか。」と言ったので、鷗外も、これには驚き閉口したと笑って書いて在った。

　諸君は、いま私と一緒に、鷗外全集を読むのであるが、ちっとも固くなる必要は無い。だいいち私が、諸君よりもなお数段劣る無学者である。書見など、いたしたことの無い男である。いつも寝ころんで読み散らしている、甚《はなは》だ態度が悪い。だから、諸君もそのまま、寝ころんだままで、私と一緒に読むがよい。端坐されては困るのである。

　ここに、鷗外の全集があります。これが、よそから借りて来たものであるということは、まえに言いました。鄭重《ていちょう》に取り扱いましょう。感激したからと言って、文章の傍に赤線ひっぱったりなんかは、しないことにしましょう。借りて来た本ですから、大事にしなければなりません。飜訳篇、第十六巻を、ひらいてみましょう。いい短篇小説が、たくさん在ります。目次を見ましょう。

「玉を懐いて罪あり」　HOFFMANN
「悪因縁」　KLEIST
「地震」　KLEIST

それにつづいて、四十篇くらい、みんな面白そうな題の短篇小説ばかり、ずらりと並んでいます。巻末の解説を読むと、これは、ドイツ、オーストリア、ハンガリーの巻であることがわかります。いちども名前を聞いたことの無いような原作者が、ずいぶん多いですね。けれども、そんなことに頓着《とんじゃく》せず、めくらめっぽう読んで行っても、みんなそれぞれ面白いのです。みんな、書き出しが、うまい。書き出しの巧いというのは、その作者の「親切」であります。また、そんな親切な作者の作品ばかり選んで飜訳したのは、訳者、鷗外の親切であります。鷗外自身の小説だって、みんな書き出しが巧いですものね。すらすら読みいいように書いて在ります。ずいぶん読者に親切で、愛情持っていた人だと思います。二つ、三つ、この第十六巻から、巧い書き出しを拾ってみましょう。みんな巧いので、選出するのに困難です。四十余篇、全部の書き出しを、いま、ここに並べてみたいほどです。けれども、それよりは、諸君が鷗外全集を買うなり、または私のように、よそから借りるなりして親しくお読みになれば、それは、ちゃんとお判りになることなのですから、わざと堪《こら》えて、七つ、いや、八つだけ、おめにかけます。

「埋木」　OSSIP SCHUBIN

「アルフォンス・ド・ステルニイ氏は十一月にブルクセルに来て、自ら新曲悪魔の合奏を指揮すべし」と白耳義《ベルギー》独立新聞の紙上に出でしとき、府民は目を側《そば》だてたり。

「父」　WILHELM SCHAEFER

私の外《ほか》には此《この》話は誰も知らぬ。それを知って居た男は関係者自身で去年の秋死んでしまった。

「黄金杯」　JACOB WASSERMANN

千七百三十二年の暮に近い頃であった。英国はジョージ第二世の政府を戴いて居た。或晩夜廻りが倫敦《ロンドン》の町を廻って居ると、テンプルバアに近い所で、若い娘が途《みち》に倒れているのを見付けた。

「一人者の死」SCHNITZLER
戸を敲《たた》いた。そっとである。
「いつの日か君帰ります」ANNA CROISSANT-RUST
一群の鴎が丁度《ちょうど》足許から立って、鋭い、貪《むさぼ》るような声で鳴きながら、忙しく湖水を超えて、よろめくように飛んで行った。
「玉を懐いて罪あり」AMADEUS HOFFMANN
路易《ルイ》第十四世の寵愛が、メントノン公爵夫人の一身に萃《あつ》まって世人の目を驚かした頃、宮中に出入をする年寄った女学士にマドレエヌ・ド・スキュデリイと云う人があった。
「労働」KARL SCHOENHERR
二人共若くて丈夫である。男はカスパル、女はレジイと云う。愛し合っている。

以上、でたらめに本をひらいて、行きあたりばったり、その書き出しの一行だけを、順序不同に並べてみましたが、どうです。うまいものでしょう。あとが読みたくなるでしょう。物語を創るなら、せめて、これくらいの書き出しから説き起してみたいものですね。最後に、ひとつ、これは中でも傑出しています。

「地震」KLEIST
チリー王国の首府サンチャゴに、千六百四十七年の大地震将《まさ》に起らんとするおり、囹圄《れいぎょ》の柱に倚《よ》りて立てる一少年あり。名をゼロニモ・ルジエラと云いて、西班牙《スペイン》の産なるが、今や此世に望《のぞみ》を絶ちて自ら縊《くび》れなんとす。

いかがです。この裂帛《れっぱく》の気魄《きはく》は如何《いかん》。いかさまクライストは大天才ですね。その第一行から、すでに天にもとどく作者の太い火柱の情熱が、私たち凡俗のものにも、あきらかに感取できるように思われます。訳者、鷗外も、ここでは大童《おおわらわ》で、その訳文、弓のつるのように、ピンと張って見事であります。そうして、訳文の末に訳者としての解説を附して在りますが、曰《いわ》く、「地震の一篇は尺幅《せきふく》の間に無限の煙波を収めたる千古の傑作なり。」

けれども、私は、いま、他に語りたいものを持っているのです。この第十六巻一冊でも、以上のような、さまざまの傑作あり、宝石箱のようなものであって、まだ読まぬ人は、大急ぎで本屋に駆けつけ買うがよい、一度読んだ人は、二度読むがよい、二度読んだ人は、三度読むがよい、買うのがいやなら、借りるがよい、その第十六巻の中の、「女の決闘」という、わずか十三ページの小品について、私は、これから語ろうと思っているのです。

これは、いかにも不思議な作品であります。作者は、HERBERT EULENBERG. もちろん無学の私は、その作者を存じて居りません。巻末の解説にも、その作者に就《つ》いては、何も記されて在りません。もっとも解説者は小島政二郎氏であって、小島氏は、小説家としては私たちの先輩であり、その人の「新居」という短篇集を、私が中学時代に愛読いたしました。誠実にこの鷗外全集を編纂《へんさん》なされて居られるようですが、如何にせんドイツ語ばかりは苦手の御様子で、その点では、失礼ながら私と五十歩百歩の無学者のようであります。なんにも解説して居りません。これがまた小島氏の謙遜の御態度であることは明らかで、へんに「書見いたそうか」式の学者の態度をおとりにならないところに、この編纂者のよさもあるのですが、やはり、ちょっと字典でも調べて原作者の人となりを伝えて下さったほうが、私のような不勉強家には、何かと便利なように思われます。とにかく、そんなに名高くない作者にちがいない。十九世紀、ドイツの作家。それだけ、覚えて置けばいいのでしょう。友人で、ドイツ文学の教授がありますけれど、この人に尋ねたら、知らんという。ALBERT EULENBERG ではないか、あるいは、ALBRECHT EULENBERG の間違いではないかという。いや、たしかに HERBERT だ、そんなに有名な作家でもないようだから、ちょっと人名字典か何かで調べてみて呉《く》れ、と重ねてたのみました。手紙で返事を寄こして、僕、寡聞《かぶん》にして、ヘルベルト・オイレンベルグを知りませず、恥じている。マイヤーの大字典にも出て居りませぬし、有名な作家ではないようだ。文学字典から次の事を知りました、と親切に、その人の著作年表をくわしく書いて送って下さったが、どうも、たいしたことは無い。いっこうに聞いたことも無いような作品ばかり書いている。つまり、こういうことになります。「女の決闘」の作者、HERBERT EULENBERG は、十九世紀後半のドイツの作家、あまり有名でない。日本のドイツ文学の教授も、字典を引かなければ、その名を知る能《あた》わず、むかし森鷗外が、かれの不思議の才能を愛して、その短篇、「塔の上の鶏」および「女の決闘」を訳述せり。

作者に就いては、それくらいの知識でたくさんでしょう。もっとくわしく書いたって、すぐ忘れてしまうのでは、なんにもなりませんから。この作品は、鷗外に依《よ》って訳され、それから、なんという雑誌に発表されたかは、一切不明であるという。のち「蛙《かえる》」という単行本に、ひょいと顔を出して来たのである。鷗外全集の編纂者も、ずいぶん尋ねまわられた様子であるが、「どうしても分らない。御垂教を得れば幸甚《こうじん》である。」と巻末に附記して在る。私が、それを知っていると面白いのであるが、知る筈がない。君だって知るまい。笑っちゃいけない。

不思議なのは、そんなことに在るのでは無い。不思議は、作品の中に在るのである。私は、これから六回、このわずか十三ページの小品をめぐって、さまざまの試みをしてみるつもりなのであるが、これが若《も》し HOFFMANN や KLEIST ほどの大家なら、その作品に対して、どんな註釈もゆるされまい。日本にも、それら大家への熱愛者が五万といるのであるから、私が、その作品を下手にいじくりまわしたならば、たちまち殴り倒されてしまうであろう。めったなことは言われぬ。それが HERBERT さんだったら、かえって私が、埋もれた天才を掘り出したなどと、ほめられるかも知れないのだから、ヘルベルトさんも気の毒である。この作家だって、当時本国に於いては、大いに流行した人にちがいない。こちらが無学で、それを知らないだけの話である。

事実、作品に依れば、その描写の的確、心理の微妙、神への強烈な凝視、すべて、まさしく一流中の一流である。ただ少し、構成の投げやりな点が、かれを第二のシェクスピアにさせなかった。とにかく、これから、諸君と一緒に読んでみましょう。

女の決闘

古来例の無い、非常な、この出来事には、左の通りの短い行掛りがある。

ロシヤの医科大学の女学生が、或晩の事、何の学科やらの、高尚な講義を聞いて、下宿へ帰って見ると、卓の上にこんな手紙があった。宛名《あてな》も何も書いて無い。「あなたの御関係なすってお出でになる男の事を、或る偶然の機会で承知しました。その手続はどうでも好いことだから、申しません。わたくしはその男の妻だと、只今まで思っていた女です。わたくしはあなたの人柄を推察して、こう思います。あなたは決して自分のなすった事の成行《なりゆき》がどうなろうと、その成行のために、前になすった事の責《せめ》を負わない方ではありますまい。又あなたは御自分に対して侮辱を加えた事の無い第三者を侮辱して置きながら、その責を逃れようとなさる方でも決してありますまい。わたくしはあなたが、たびたび拳銃で射撃をなさる事を承っています。わたくしはこれまで武器と云うものを手にした事がありませんから、あなたのお腕前がどれだけあろうとも、拳銃射撃は、わたくしよりあなたの方がお上手だと信じます。

　だから、わたくしはあなたに要求します。それは明日午前十時に、下に書き記してある停車場へ拳銃御持参で、お出で下されたいと申す事です。この要求を致しますのに、わたくしの方で対等以上の利益を有しているとは申されません。わたくしも立会人を連れて参りませんから、あなたもお連れにならないように希望いたします。序《つい》でながら申しますが、この事件に就いて、前以《もっ》て問題の男に打明ける必要は無いと信じます。その男にはわたくしが好い加減な事を申して、今明日の間、遠方に参っていさせるように致しました。」

　この文句の次に、出会う筈の場所が明細に書いてある。名前はコンスタンチェとして、その下に書いた苗字《みょうじ》を読める位に消してある。

第二

　前回は、「その下に書いた苗字を読める位に消してある。」というところ迄でした。その一句に、匂《にお》わせて在る心理の微妙を、私は、くどくどと説明したくないのですが、読者は各々勝手に味わい楽しむがよかろう。なかなか、ここは、いいところなのであります。また、劈頭《へきとう》の手紙の全文から立ちのぼる女の「なま」な憎悪感に就いては、原作者の芸術的手腕に感服させるよりは、直接に現実の生《なま》ぐさい迫力を感じさせるように出来ています。このような趣向が、果して芸術の正道であるか邪道であるか、それについてはおのずから種々の論議の発生すべきところでありますが、いまはそれに触れず、この不思議な作品の、もう少しさきまで読んでみることに致しましょう。どうしても、この原作者が、目前に遂行されつつある怪事実を、新聞記者みたいな冷い心でそのまま書き写しているとしか思われなくなって来るのであります。すぐつづけて、

『この手紙を書いた女は、手紙を出してしまうと、直ぐに町へ行って、銃を売る店を尋ねた。そして笑談《じょうだん》のように、軽い、好い拳銃を買いたいと云った。それから段々話し込んで、嘘《うそ》に尾鰭《おひれ》を付けて、賭《かけ》をしているのだから、拳銃の打方を教えてくれと頼んだ。そして店の主人と一しょに、裏の陰気な中庭へ出た。そのとき女は、背後から拳銃を持って付いて来る主人と同じように、笑談らしく笑っているように努力した。

中庭の側には活版所がある。それで中庭に籠《こも》っている空気は鉛の匂いがする。この辺の家の窓は、ごみで茶色に染まっていて、その奥には人影が見えぬのに、女の心では、どこの硝子《ガラス》の背後にも、物珍らしげに、好い気味だと云うような顔をして、覗《のぞ》いている人があるように感ぜられた。ふと気が付いて見れば、中庭の奥が、古木の立っている園に続いていて、そこに大きく開いた黒目のような、的《まと》が立ててある。それを見たとき女の顔は火のように赤くなったり、灰のように白くなったりした。店の主人は子供に物を言って聞かせるように、引金や、弾丸を込《こ》める所や、筒や、照尺をいちいち見せて、射撃の為方《かた》を教えた。弾丸を込める所は、一度射撃するたびに、おもちゃのように、くるりと廻るのである。それから女に拳銃を渡して、始めての射撃をさせた。

女は主人に教えられた通りに、引金を引こうとしたが、動かない。一本の指で引けと教えられたのに、内々二本の指を掛けて、力一ぱいに引いて見た。そのとき耳が、がんと云った。弾丸は三歩ほど前の地面に中《あた》って、弾《はじ》かれて、今度は一つの窓に中った。窓が、がらがらと鳴って壊れたが、その音は女の耳には聞えなかった。どこか屋根の上に隠れて止まっていた一群の鳩が、驚いて飛び立って、唯さえ暗い中庭を、一刹那《せつな》の間、一層暗くした。

聾になったように平気で、女はそれから一時間程の間、矢張り二本の指を引金に掛けて引きながら射撃の稽古《けいこ》をした。一度打つたびに臭い煙が出て、胸

が悪くなりそうなのを堪えて、その癖その匂いを好きな匂いででもあるように吸い込んだ。余り女が熱心なので、主人も吊り込まれて熱心になって、女が六発打ってしまうと、直ぐ跡の六発の弾丸を込めて渡した。

夕方であったが、夜になって、的の黒白の輪が一つの灰色に見えるようになった時、女はようよう稽古を止《や》めた。今まで逢った事も無いこの男が、女のためには古い親友のように思われた。

「この位稽古しましたら、そろそろ人間の猟をしに出掛けられますでしょうね。」と笑談のようにこの男に言ったらこの場合に適当ではないかしら、と女は考えたが、手よりは声の方が余計に顫《ふる》えそうなのでそんな事を言うのは止しにした。そこで金を払って、礼を云って店を出た。

例の出来事を発明してからは、まだ少しも眠らなかったので、女はこれで安心して寝ようと思って、六連発の拳銃を抱いて、床の中へ這入《はい》った。』

ここらで私たちも一休みしましょう。どうです。少しでも小説を読み馴れている人ならば、すでに、ここまで読んだだけでこの小説の描写の、どこかしら異様なものに、気づいたことと思います。一口で言えば、「冷淡さ」であります。失敬なくらいの、「そっけなさ」であります。何に対して失敬なのであるか、と言えば、それは、「目前の事実」に対してであります。目前の事実に対して、あまりにも的確の描写は、読むものにとっては、かえって、いやなものであります。殺人、あるいはもっとけがらわしい犯罪が起り、其の現場の見取図が新聞に出ることがありますけれど、奥の六畳間のまんなかに、その殺された婦人の形が、てるてる坊主の姿で小さく描かれて在ることがあります。ご存じでしょう？あれは、実にいやなものであります。やめてもらいたい、と言いたくなるほどであります。あのような赤裸々が、この小説の描写の、どこかに感じられませんか。この小説の描写は、はッと思うくらいに的確であります。もう、いちど読みかえして下さい。中庭の側には活版所があるのです。私の貧しい作家の勘で以てすれば、この活版所は、たしかに、そこに在ったのです。この原作者の空想でもなんでもないのです。そうして、たしかに、その辺の家の窓は、ごみで茶色に染まっているのであります。抜きさしならぬ現実であります。そうして一群の鳩が、驚いて飛び立って、唯さえ暗い中庭を、一刹那の間、一層暗くしたというのも、まさに、そのとおりで、原作者は、女のうしろに立ってちゃんと見ていたのであります。なんだか、薄気味悪いことになりました。その小説の描写が、怪《け》しからぬくらいに直截《ちょくせつ》である場合、人は感服《かんぷく》と共に、一種不快な疑惑を抱くものであります。うま過ぎる。淫する。神を冒す。いろいろの言葉があります。描写に対する疑惑は、やがて、その的確すぎる描写を為した作者の人柄《ひとがら》に対する疑惑に移行いたします。そろそろ、この辺から私(DAZAI)の小説になりかけて居りますから、読者も用心していて下さい。

私は、この「女の決闘」という、ほんの十頁ばかりの小品をここまで読み、その、生きてぴくぴく動いているほどの生臭い、抜きさしならぬ描写に接し、大いに驚くと共に、なんだか我慢できぬ不愉快さを覚えた。描写に対する不愉快さは、やがて、直接に、その原作者に対する不愉快となった。この小品の原作者は、この作品を書く時、特別に悪い心境に在ったのでは無いかと、頗《すこぶ》る失礼な疑惑をさえ感じたのであります。悪い心境ということについては二つの仮説を設けることが出来ます。一つは原作者がこの小説を書くとき、たいへん疲れて居られたのではないかという臆測《おくそく》であります。人間は肉体の疲れたときには、人生に対して、また現実生活に対して、非常に不機嫌に、ぶあいそになるものであります。この「女の決闘」という小説の書き出しはどんなであったでしょうか。私はここでそれを繰返すことは致しませんが、前回の分をお読みになった読者はすぐに思い出すことが出来るだろうと思います。いわば、ぶんなぐる口調で書いてあります。ふところ手をして、おめえに知らせてあげようか、とでもいうようなたいへん思いあがった書き出しでありました。だいいち、この事件の起ったとき、すなわち年号、(外国の作家はどんなささやかな事件を叙述するにあたっても必ず年号をいれる傾向があるように思われます。)それから、場所、それについても何も語っていなかったではありませんか。「ロシヤの医科大学の女学生が、或晩の事、何の学科やらの、」というような頗る不親切な記述があったばかりで、他はどの頁をひっくり返してみても、地理的なことはなんにも書かれてありません。実にぶっきらぼうな態度であります。作者が肉体的に疲労しているときの描写は必ず人を叱りつけるような、場合によっては、怒鳴りつけるような趣きを呈するものでありますが、それと同時に実に辛辣《しんらつ》無残の形相をも、ふいと表白してしまうものであります。人間の本性というものは或いはもともと冷酷無残のものなのかも知れません。肉体が疲れて意志を失ってしまったときには、鎧袖一触《がいしゅういっしょく》、修辞も何もぬきにして、袈裟《けさ》がけに人を抜打ちにしてしまう場合が多いように思われます。悲しいことですね。この「女の決闘」という小品の描写に、時々はッと思うほどの、憎々しいくらいの容赦なき箇所の在ることは、慧眼《けいがん》の読者は、既にお気づきのことと思います。作者は疲れて、人生に対して、また現実のつつましい営みに対して、たしかに乱暴の感情表示をなして居るという事は、あながち私の過言でもないと思います。

もう一つ、これは甚だロマンチックの仮説でありますけれども、この小説の描写に於いて見受けられる作者の異常な憎悪感は、(的確とは、憎悪の一変形でありますから、)直接に、この作中の女主人公に対する抜きさしならぬ感情から出発しているのではないか。すなわち、この小説は、徹底的に事実そのままの資料に拠《よ》ったもので、しかも原作者はその事実発生したスキャンダルに決して他人ではなかった、という興味ある仮説を引き出すことが出来るのであります。更に明確にぶちまけるならば、この小品の原作者 HERBERT EULENBERG さん御自身こそ、作中の女房コンスタンチェさんの御亭主であったという恐るべき秘密の匂いを嗅《か》ぎ出すことが出来るのであります。すれば、この作品の描写に於ける、(殊《こと》にもその女主人公のわななきの有様を描写するに当っての、)冷酷きわまる、それゆえにまざまざ的確の、作者の厭な眼の説明が残りなく出来ると私は思います。

もとよりこれは嘘であります。ヘルベルト・オイレンベルグさんは、そんな愚かしい家庭のトラブルなど惹き起したお方では無いのであります。この小品の不思議なほどに的確な描写の拠って来るところは、恐らくは第一の仮説に尽くされてあるのではないかと思います。それは間違いないのでありますが、けれども、ことさらに第二の嘘の仮説を設けたわけは、私は今のこの場合、しかつめらしい名作鑑賞を行おうとしているのではなく、ヘルベルトさんには失礼ながら眼をつぶって貰って、この「女の決闘」という小品を土台にして私が、全く別な物語を試みようとしているからであります。ヘルベルトさんには全く失礼な態度であるということは判っていながら、つまり「尊敬しているからこそ甘えて失礼もするのだ。」という昔から世に行われているあのくすぐったい作法のゆえに、許していただきたいと思うのであります。

さて、それでは今回は原作をもう少し先まで読んでみて、それから原作に足りないところを私が、傲《ごう》慢《まん》のようでありますが、たしかに傲慢のわざなのでありますが、少し補筆してゆき、いささか興味あるロマンスに組立ててみたいと思っています。この原作に於《おい》てはこれからさき少しお読みになれば判ることでありますが、女房コンスタンチェひとり、その人についての描写に終始して居り、その亭主ならびに、その亭主の浮気の相手のロシヤ医科大学の女学生については、殆んど言及して在りません。私は、その亭主を、(乱暴な企てでありますが、)仮にこの小品の作者御自身と無理矢理きめてしまって、いわば女房コンスタンチェの私は唯一の味方になり、原作者が女房コンスタンチェを、このように無残に冷たく描写している、その復讐として、若輩ちから及ばぬながら、次回より能《あた》う限り意地わるい描写を、やってみるつもりなのであります。それでは今回は次に一頁ほど原作者の記述をコピイして、それからまた私の、亭主と女学生についての描写をもせいぜい細かくお目に懸けることに致しましょう。女房コンスタンチェが決闘の前夜、冷たいピストルを抱いて寝て、さてその翌朝、いよいよ前代未聞の女の決闘が開始されるのでありますが、それについて原作者EULENBERGが、れいの心憎いまでの怜悧《れいり》無情の心で次のように述べてあります。これを少し読者に読んでいただき、次回から私(DAZAI)のばかな空想も聞いていただきたく思います。女房は、六連発の拳銃を抱いて、床の中へ這入《はい》りました。さて、その翌朝、原作は次のようになって居ります。

『翌朝約束の停車場で、汽車から出て来たのは、二人の女の外には、百姓二人だけであった。停車場は寂しく、平地に立てられている。定木で引いた線のような軌道がずっと遠くまで光って走っていて、その先の地平線のあたりで、一つになって見える。左の方の、黄いろみ掛かった畑を隔てて村が見える。停車場には、その村の名が付いているのである。右の方には沙地に草の生えた原が、眠そうに広がっている。

二人の百姓は、町へ出て物を売った帰りと見えて、停車場に附属している料理店に坐り込んで祝杯を挙げている。

そこで女二人だけ黙って並んで歩き出した。女房の方が道案内をする。その道筋は軌道を越して野原の方へ這入り込む。この道は暗緑色の草が殆ど土を隠す程茂っていて、その上に荷車の通った輪の跡が二本走っている。

薄ら寒い夏の朝である。空は灰色に見えている。道で見た二三本の立木は、大きく、不細工に、この陰気な平地に聳《そび》えている。丁度森が歩哨《ほしょう》を出して、それを引っ込めるのを忘れたように見える。そこここに、低い、片羽のような、病気らしい灌木《かんぼく》が、伸びようとして伸びずにいる。

二人の女は黙って並んで歩いている。まるきり言語の通ぜぬ外国人同士のようである。いつも女房の方が一足先に立って行く。多分そのせいで、女学生の方が、何か言ったり、問うて見たりしたいのを堪《こら》えているかと思われる。

遠くに見えている白樺《しらかば》の白けた森が、次第にゆるゆると近づいて来る。手入をせられた事の無い、銀《ぎん》鼠色《ねずいろ》の小さい木の幹が、勝手に曲りくねって、髪の乱れた頭のような枝葉を戴いて、一塊になっている。そして小さい葉に風を受けて、互に囁《ささや》き合っている。』

第三

女学生は一こと言ってみたかった。「私はあの人を愛していない。あなたはほんとに愛しているの。」それだけ言ってみたかった。腹がたってたまらなかった。ゆうべ学校から疲れて帰り、さあ、けさ冷しておいたミルクでも飲みましょう、と汗ばんだ上衣《うわぎ》を脱いで卓のうえに置いた、そのとき、あの無智な馬鹿らしい手紙が、その卓のうえに白くひっそり載っているのを見つけたのだ。私の室《へや》に無断で入って来たのに違いない。ああ、この奥さんは狂っている。手紙を読み終えて、私はあまりの馬鹿らしさに笑い出した。まったく黙殺ときめてしまって、手紙を二つに裂き、四つに裂き、八つに裂いて紙屑入れに、ひらひら落した。そのとき、あの人が異様に蒼《あお》ざめて、いきなり部屋に入って来たのだ。

「どうしたの。」

「見つかった、感づかれた。」あの人は無理に笑ってみせようと努めたようだが、ひくひく右の頬がひきつって、あの人の特徴ある犬歯がにゅっと出ただけのことである。

私はあさましく思い、「あなたよりは、あなたの奥さんの方が、きっぱりして居るようです。私に決闘を申込んで来ました。」あの人は、「そうか、やっぱりそうか。」と落ちつきなく部屋をうろつき、「あいつはそんな無茶なことをやらかして、おれの声名に傷つけ、心からの復讐をしようとしている。変だと思っていたのだ。ゆうべ、おれに、いつにないやさしい口調で、あなたも今月はずいぶん、お仕事をなさいましたし、気休めにどこか田舎《いなか》へ遊びにいらっしゃい。お金も今月はどっさり余分にございます。あなたのお疲れのお顔を見ると、私までなんだか苦しくなります。この頃、私にも少しずつ、芸術家の辛苦《しんく》というものが、わかりかけてまいりました。と、そんなことをぬかすので、おれも、ははあ、これは何かあるな、と感づき、何食わぬ顔して、それに同意し、今朝、旅行に出たふりしてまた引返し、家の中庭の隅にしゃがんで看視していたのだ。夕方あいつは家を出て、何時何処《いつどこ》で、誰から聞いて知っていたのか、お前のこの下宿へ真直にやって来て、おかみと何やら話していたが、やがて出て来て、こんどは下町へ出かけ、ある店の飾り窓の前に、ひたと吸いついて動かなんだ。その飾り窓には、野鴨《のがも》の剥製《はくせい》やら、鹿の角やら、いたちの毛皮などあり、私は遠くから見ていたのであるが、はじめは何の店やら判断がつかなかった。そのうちに、あいつはすっと店の中へ入ってしまったので、私も安心して、その店に近づいて見ることが出来たのだが、なんと驚いた、いや驚いたというのは嘘で、ああそうか、というような合点の気持だったのかな? 野鴨の剥製やら、鹿の角やら、いたちの毛皮に飾られて、十数挺の猟銃が黒い銃身を鈍く光らせて、飾り窓の下に沈んで横になっていた。拳銃もある。私には皆わかるのだ。人生が、このような黒い銃身の光と、じかに結びつくなどは、ふだんはとても考えられぬことであるが、その時の私のうつろな絶望の胸には、とてもリリカルにしみて来たのだ。銃身の黒い光は、これは、いのちの最後の詩だと思った。パアンと店の裏で拳銃の音がする。つづいて、又一発。私は危く涙を落しそうになった。そっと店の扉を開け、内を窺《うかが》っても、店はがらんとして誰もいない。私は入った。相続く銃声をたよりに、ずんずん奥へすすんだ。みると薄暮の中庭で、女房と店の主人が並んで立って、今しも女房が主人に教えられ、最初の一発を的に向ってぶっ放すところであった。女房の拳銃は火を放った。けれども弾丸は、三歩程前の地面に当り、はじかれて、窓に当った。窓ガラスはがらがらと鳴ってこわれ、どこか屋根の上に隠れて止っていた一群の鳩が驚いて飛立って、ただされ暗い中庭を、さっと一層暗くした。私は再び涙ぐむのを覚えた。あの涙は何だろう。憎悪の涙か、恐怖の涙か。いやいや、ひょっとしたら女房への不憫《ふびん》さの涙であったかも知れないね。とにかくこれでわかった。あれはそんな女だ。

いつでも冷たく忍従して、そのくせ、やるとなったら、世間を顧慮せずやりのける。ああ、おれはそれを頼もしい性格と思ったことさえある！　芋《いも》の煮付《につけ》が上手でね。今は危い。お前さんが殺される。おれの生れてはじめての恋人が殺される。もうこれが、私の生涯で唯一の女になるだろう、その大事な人を、その人をあれがいま殺そうとしている。おれは、そこまで見届けて、いま、お前さんのとこへ駈込んで来た。お前は――」「それは御苦労さまでした。生れてはじめての恋人だの、唯一の宝だの、それは一体なんのことです。所詮は、あなた芸術家としてのひとり合点、ひとりでほくほく享楽しているだけのことではないの。気障《きざ》だねえ。お止しなさい。私はあなたを愛していない。あなたはどだい美しくないもの。私が少しでも、あなたに関心を持っているとしたら、それはあなたの特異な職業に対してであります。市民を嘲《あざけ》って芸術を売って、そうして、市民と同じ生活をしているというのは、なんだか私には、不思議な生物のように思われ、私はそれを探求してみたかったという、まあ、理窟《りくつ》を言えばそうなるのですが、でも結局なんにもならなかった。なんにも無いのね。めちゃめちゃだけが在るのね。私は科学者ですから、不可解なもの、わからないものには惹《ひ》かれるの。それを知り極めないと死んでしまうような心細さを覚えます。だから私はあなたに惹かれた。私には芸術がわからない。私には芸術家がわからない。何かあると思っていたの。あなたを愛していたんじゃないわ。私は今こそ芸術家というものを知りました。芸術家というものは弱い、てんでなっちゃいない大きな低能児ね。それだけのもの、つまり智能の未発育な、いくら年とっても、それ以上は発育しない不具者なのね。純粋とは白痴のことなの？無垢《むく》とは泣虫のことなの？ああ、何をまた、そんな蒼《あお》い顔をして、私を見つめるの。いやだ。帰って下さい。あなたは頼りにならないお人だ。いまそれがわかった。驚いて度を失い、ただうろうろして見せるだけで、それが芸術家の純粋な、所以《ゆえん》なのですか。おそれいりました。」と、私は自分ながら、あまり、筋の通ったこととも思えないような罵言《ばげん》をわめき散らして、あの人をむりやり、扉の外へ押し出し、ばたんと扉をしめて錠をおろした。

粗末な夕食の支度にとりかかりながら、私はしきりに味気なかった。男というものの、のほほん顔が、腹の底から癪《しゃく》にさわった。一体なんだというのだろう。私は、たまには、あの人からお金を貰った。冬の手袋も買ってもらった。もっと恥ずかしい内輪のものをさえ買ってもらった。けれどもそれが一体どうしたというのだ。私は貧しい医学生だ。私の研究を助けてもらうために、ひとりのパトロンを見つけたというのは、これはどうしていけないことなのか。私には父も無い、母も無い。けれども、血筋は貴族の血だ。いまに叔母が死ねば遺産も貰える。私には私の誇《ほこり》があるのだ。私はあの人を愛していない。愛するとは、もっと別な、母の気持も含まれた、血のつながりを感じさせるような、特殊の感情なのではなかろうか。私は、あの人を愛していない。科学者としての私の道を、はじめからひとりで歩いていたつもりなのに、どうしてこう突然に、失敬な、いまわしい決闘の申込状やら、また四十を越した立派な男子が、泣きべそをかいて私の部屋にとびこんで来たり、まるで、私ひとりがひどい罪人であるかのように扱われている。私にはわからない。

ひとりで貧しい食事をしたため、葡萄酒を二杯飲んだ。食後の倦怠《けんたい》は、人を、「どうとも勝手に」というう、ふてぶてしい思いに落ちこませるものである。決闘ということが、何だか、食後の運動くらいの軽い動作のように思われて来た。やってみようかなあ。私は殺される筈《はず》がない。あの男の話によれば、先方の女は、今日はじめて、拳銃の稽古をしていたというではないか。私は学生倶楽部《クラブ》で、何時でも射撃の最優勝者ではなかったか。馬に乗りながらでも十発九中。殺してやろう、私は侮辱を受けたのだ。この町では決闘は、若《も》し、それが正当のものであったなら、役人から受ける刑罰もごく軽く、別に名誉を損ずるほどのことにならぬと聞いていた。私の歩いている道に、少しでも、うるさい毛虫が這い寄ったら、私はそれを杖でちょいと除去するのが当然の事だ。私は若くて美しい。いや美しくはないけれど、でも、ひとりで生き抜こうとしている若い女性は、あんな下らない芸術家に恋々とぶら下り、私に半狂乱の決闘状など突きつける女よりは、きっと美しいに相違ない。そうだ、それは瞳の問題だ。いやもう、これはなかなか大変な奢《おご》りの気持になったものだ。どれ、公園を散歩して来ましょう。私の下宿のすぐ裏が、小さい公園で、亀の子に似た怪獣が、天に向って一筋高く水を吹上げ、その噴水のまわりは池で、東洋の金魚も泳いでいる。ペエトル一世が、王女アンの結婚を祝う意味で、全国の町々に、このような小さい公園を下賜《かし》せられた。この東洋の金魚も、王女アンの貴い玩具であったそうな。私はこの小さい公園が好きだ。瓦斯燈《ガスとう》に大きい蛾《が》がひとつ、ピンで留められたようについている。ふと見ると、ベンチにあの人がいる。私の散歩の癖を知っているから、ここで待ち伏せていたのであろう。私は、いまは気楽に近寄り、「さきほどは御免なさい。大きな白痴。」「あした決闘を見においで。私が奥さんを殺してあげる。いやなら、あなたのお家にじっとひそんで、奥さんのお帰りを待っていなさい。見に来なければ、奥さんを無事に帰してあげるわよ。」そう言ったとき、あの人はなんと答えたか。世にもいやしい笑いを満面に湛《たた》え、ふいとその笑いをひっこめ、しらじらしい顔して、「え、なんだって？　わけの分らんことをお前さんは言ったね。」そう言い捨てて、立ち去ったのである。私にはわかっている。あの人は、私に、自分の女房を殺して貰いたいのだ。けれども、それを、すこしも口に出して言いたくなし、また私の口からも聞いたことがないというようにして置きたかった。それは、あとあと迄、あの人の名誉を守るよすがともなろう。女二人に争われて、自分は全く知らぬ間に、女房は殺され、情婦は生きた。ああ、そのことは、どんなに芸術家の白痴の虚栄を満足させる事件であろう。あの人は、生き残った私に、そうして罪人の私に、こんどは憐憫《れんびん》をもって、いたわりの手をさしのべるという形にしたいのだ。見え透いている。あんな意気地無しの卑屈な怠けものには、そのような醜聞が何よりの御自慢なのだ。友人の前に告白の顔をしかめ、髪をかきむしって、友人の前に告白のポオズ。ああ、おれは苦しい、と。あの人の夜霧に没する痩せたうしろ姿を見送り、私は両肩をしゃくって、くるりと廻れ右して、下宿に帰って来た。なにがなしに悲しい。女性とは、所詮、ある窮極点に立てば、女性同士で抱きあって泣きたくなるものなのか。私は自身を不憫なものとは思わない。けれども、あの人の女房が急に不憫になって来た。いたわり合わなければならぬ間柄ではなかろうか。まだ見ぬ相手の女房への共感やら、憐憫やら、同情やら、何やらが、ばたばた、大きい鳥の翼のように、私の胸を叩くのだ。私は窓を開け放ち、星空を眺めながら、五杯も六杯も葡萄酒を飲んだ。ぐるぐる眼が廻って、ああ、星が降るようだ。そうだ。あの人はきっと決闘を見に来る。私達のうしろについて来る。見に来たらば、女房を殺してあげると私は先刻言ったのだから。あの人は樹の幹に隠れて見ているに違いない。そうして私に、ここで見ているという知せのつもりで軽く咳《せき》ばらいなどするかも知れない。いきなり、その幹のかげの男に向って発砲しよう。愚劣な男は死ぬがよい。それにきまった。私はどさんと、ぶっ倒れるようにベッドに寝ころがった。おやすみなさい、コンスタンチェ。(コンスタンチェとは女房の名である。)

あくる日、二人の女は、陰鬱な灰色の空の下に小さく寄り添って歩いている。黙って並んで歩いている。女学生はさっきから、一言聞いてみたかった。あなたはあの人を愛しているの? ほんとうに愛しているの? けれども、相手の女は、まるで一匹のたくましい雌馬のように、鼻孔をひろげて、荒い息を吐き吐き、せっせと歩いて、それに追いすがる女学生を振払うように、ただ急ぎに急ぐのである。女学生は、女房のスカアトの裾《すそ》から露出する骨張った脚を見ながら、次第にむかむか嫌悪が生じる。「あさましい。理性を失った女性の姿は、どうしてこんなに動物の臭いがするのだろう。汚い。下等だ。毛虫だ。助けまい。あの男を撃つより先に、やはりこの女と、私は憎しみをもって勝敗を決しよう。あの男が此所《ここ》へ来ているか、どうか、私は知らない。見えないようだ。どうでもよい。いまは目前の、このあさはかな、取乱した下等な雌馬だけが問題だ。」二人の女は黙ってせっせと歩いている。女学生がどんなに急いで歩いても、いつも女房の方が一足先に立って行く。遠くに見えている白樺の森が次第にゆるゆると近づいて来る。あの森が、約束の地点だ。

(以上 DAZAI)

　すぐつづけて原作は、

『この森の直ぐ背後で、女房は突然立ち留まった。その様子が今まで人に追い掛けられていて、この時決心して自分を追い掛けて来た人に向き合うように見えた。

「お互に六発ずつ打つ事にしましょうね。あなたがお先へお打ちなさい。」

「ようございます。」

　二人の交えた会話はこれだけであった。

　女学生ははっきりした声で数を読みながら、十二歩歩いた。そして女房のするように、一番はずれの白樺の幹に並んで、相手と向き合って立った。

　周囲の草原はひっそりと眠っている。停車場から鐸《すず》の音が、ぴんぱんぴんぱんと云うように聞える。丁度時計のセコンドのようである。セコンドや時間がどうなろうと、そんな事は、もうこの二人には用が無いのである。女学生の立っている右手の方に浅い水溜《みずたまり》があって、それに空が白く映っている。それが草原の中に牛乳をこぼしたように見える。白樺の木どもは、これから起って来る、珍らしい出来事を見ようと思うらしく、互に摩《す》り寄って、頸《くび》を長くして、声を立てずに見ている。』見ているのは、白樺の木だけではなかった。二人の女の影のように、いつのまにか、白樺の幹の蔭《かげ》にうずくまっている、れいの下等の芸術家。

　ここで一休みしましょう。最後の一行は、私が附け加えました。
おそろしく不器用で、赤面しながら、とにかく私が、女学生と亭主の側からも、少し書いてみました。甚だ概念的で、また甘ったるく、原作者オイレンベルグ氏の緊密なる写実を汚すこと、おびただしいものであることは私も承知して居ります。けれども、原作は前回の結尾からすぐに、『この森の直ぐ背後で、女房は突然立ち留まった。云々。』となっているのでありますが、その間に私の下手《へた》な蛇足《だそく》を挿入すると、またこの「女の決闘」という小説も、全く別な廿世紀《にじゅっせいき》の生々しさが出るのではないかと思い、実に大まかな通俗の言葉ばかり大胆に採用して、書いてみたわけであります。廿世紀の写実とは、あるいは概念の肉化にあるのかも知れませんし、一概に、甘い大げさな形容詞を排斥《はいせき》するのも当るまいと思います。人は世俗の借金で自殺することもあれば、また概念の無形の恐怖から自殺することだってあるのです。決闘の次第は次回で述べます。

第四

決闘の勝敗の次第をお知らせする前に、この女ふたりが拳銃を構えて対峙《たいじ》した可憐陰惨、また奇妙でもある光景を、白樺《しらかば》の幹の蔭にうずくまって見ている、れいの下等の芸術家の心懐に就《つ》いて考えてみたいと思います。私はいま仮にこの男の事を下等の芸術家と呼んでいるのでありますが、それは何も、この男ひとりを限って、下等と呼んでいるのでは無くして、芸術家全般がもとより下等のものであるから、この男も何やら著述をしているらしいその罰で、下等の仲間に無理矢理、参加させられてしまったというわけなのであります。この男は、芸術家のうちではむしろ高貴なほうかも知れません。第一に、このひとは紳士であります。服装正しく、挨拶《あいさつ》も尋常で、気弱い笑顔は魅力的であります。散髪を怠らず、学問ありげな、れいの虚無的なるぶらりぶらりの歩き方をも体得して居た筈でありますし、それに何よりも泥酔《でいすい》する程に酒を飲まぬのが、決定的にこの男を上品な紳士の部類に編入させているのであります。けれども、悲しいかな、この男もまた著述をなして居るとすれば、その外面の上品さのみを見て、油断することは出来ません。何となれば、芸術家には、殆ど例外なく、二つの哀れな悪徳が具わって在るものだからであります。その一つは、好色の念でありますこの男は、よわい既に不惑《ふわく》を越え、文名やや高く、可憐無邪気の恋物語をも創り、市井《しせい》婦女子をうっとりさせて、汚れない清潔の性格のように思われている様子でありますが、内心はなかなか、そんなものではなかったのです。初老に近い男の、好色の念の熾烈《しれつ》さに就いて諸君は考えてみたことがおありでしょうか。或る程度の地位も得た、名声さえも得たようだ、得てみたら、つまらない、なんでもないものだ、日々の暮しに困らぬ程の財産もできた、自分のちからの限度もわかって来た、まあ、こんなところかな？　この上むりして努めてみたって、たいしたことにもなるまい、こうして段々老いてゆくのだ、と気がついたときは、人は、せめて今いちどの冒険に、あこがれるようにならぬものであろうか。ファウストは、この人情の機微に就いて、わななきつつ書斎で独語しているようであります。ことにも、それが芸術家の場合、黒煙濛々《もうもう》の地団駄《じだんだ》踏むばかりの焦躁でなければなりません。芸術家というものは、例外なしに生れつきの好色人であるのでありますから、その渇望も極度のものがあるのではないかと、笑いごとでは無しに考えられるのであります。殊にも、この男は紅毛人であります。紅毛人の I love you には、日本人の想像にも及ばぬ或る種の直接的な感情が含まれている様子で、「愛します」という言葉は、日本に於いてこそ綺麗《きれい》な精神的なものと思われているようですが、紅毛人に於いては、もっと、せっぱつまった意味で用いられているようでありますよろずに奔放で熾烈であります。いいとしをして思慮分別も在りげな男が、内実は、中学生みたいな甘い咏歎《えいたん》にひたっていることもあるのだし、たかが女学生の生意気なのに惹かれて、家も地位も投げ出し、狂乱の姿態を示すことだってあるのです。それは、日本でも、西欧でも同じことであるのですが、ことにも紅毛人に於いては、それが甚だしいように思われます。この哀れな、なんだか共感を誘う弱点に依《よ》って、いまこの男は、二人の女の後《うしろ》についてやって来て、そうして、白樺の幹の蔭に身をかくし、息を殺して、二人の女の決闘のなりゆきを見つめていなければならなくなった。もう一つ、この男の、芸術家の通弊として避けられぬ弱点、すなわち好奇心、言葉を換えて言えば、誰も知らぬものを知ろうという虚栄、その珍らしいものを見事に表現してやろうという功名心、そんなものが、この男を、ふらふら此の決闘の現場まで引きずり込んで来たものと思われます。どうしても一匹、死なない虫がある。自身、愛慾に狂乱していながら、その狂乱の様をさえ描写しようと努めているのが、これら芸術家の宿命であります。本能であります。諸君は、藤十郎の恋、というお話をご存じでしょうか。あれは、坂田藤十郎が、芸の工夫のため、いつわって人妻に恋を仕掛けた、ということになっていますが、果して全部が偽りの口説《くぜつ》であったかどうか、それは、わかったものじゃ無いと私は思って居ります。本当の恋を囁《ささや》いている間に自身の芸術家の虫が、そろそろ頭をもたげて来て、次第にその虫の喜びのほうが増大して、満場の喝采《かっさい》が眼のまえにちらつき、はては、愛慾も興覚めた、という解釈も成立し得ると思います。まことに芸術家の、表現に対する貪婪《どんらん》、虚栄、喝采への渇望は、始末に困って、あわれなものでありますす。今、この白樺の幹の蔭に、雀《すずめ》を狙う黒い猫みたいに全身緊張させて構えている男の心境も、所詮は、初老の甘ったるい割り切れない「恋情」と、身中の虫、芸術家としての「虚栄」との葛藤である、と私には考えられるのであります。

ああ、決闘やめろ。拳銃からりと投げ出して二人で笑え。止《よ》したら、なんでも無いことだ。ささやかなトラブルの思い出として残るだけのことだ。誰にも知られずにすむのだ。私は二人を愛している。おんなじように愛している。可愛い。怪我《けが》しては、いけない。やめて欲しい、とも思うのだが、さて、この男には幹の蔭から身を躍らせて二人の間に飛び込むほどの決断もつかぬのです。もう少し、なりゆきを見たいのです。男は更に考える。

発砲したからといっても、必ず、どちらかが死ぬるとはきまっていない。死ぬるどころか、双方かすり疵《きず》一つ受けないことだって在り得る。たいてい、そんなところだろう。死ぬるなんて、並たいていの事ではない。どうして私は、事態の最悪の場合ばかり考えたがるのだろう。ああ、けさは女房も美しい。ふびんな奴だ。あいつは、私を信じすぎていたのだ。私も悪い。女房を、だましすぎていた。だますより他はなかったのだ。家庭の幸福なんて、お互い嘘の上でも無ければ成り立たない。いままで私は、それを信じていた。女房なんて、謂《い》わば、家の道具だと信じていた。いちいち真実を吐露《とろ》し合っていたんじゃ、やり切れない。私は、いつもだましていた。それだから女房は、いつも私を好いてくれた。真実は、家庭の敵。嘘こそ家庭の幸福の花だ、と私は信じていた。この確信に間違い無いか。私は、なんだか、ひどい思いちがいしていたのでは無いか。このとしになるまで、知らずにいた厳粛な事実が在ったのでは無いか。女房は、あれは、道具にちがいないけれど、でも、女房にとって、私は道具でなかったのかも知れぬ。もっと、いじらしい、懸命な思いで私の傍にいてくれたのかも知れない。女房は私を、だましていなかった。私は悪い。けれども、それだけの話だ。私は女房に、どんな応答をしたらいいのか。私はおまえを愛していない。けれども、それは素知らぬ振りして、一生おまえとは離れまい決心だった。平和に一緒に暮して行ける確信が私に在ったのだが、もう、今は、だめかも知れない。決闘なんて、なんという無智なことを考えたものだ！　やめろ！　と男は、白樺の蔭から一歩踏み出し、あやうく声を出しかけて、見ると、今しも二人の女が、拳銃持つ手を徐々に挙げて、発砲一瞬まえの姿勢に移りつつあったので、はっと声を呑んでしまいました。もとより、この男もただものでない。当時流行の作家であります。謂わば、眼から鼻に抜けるほどの才智を持った男であります。普通、好人物の如く醜く動転、とり乱すようなことは致しません。やるなら、やれ、と糞度胸《くそどきょう》を据え、また白樺の蔭にひたと身を隠して、事のなりゆきを凝視しました。

　やるならやれ。私の知った事でない。もうこうなれば、どっちが死んだって同じ事だ。二人死んだら尚更《なおさら》いい。ああ、あの子は殺される。私の、可愛い不思議な生きもの。私はおまえを、女房の千倍も愛している。たのむ、女房を殺せ！　あいつは邪魔だ！　賢夫人だ。賢夫人のままで死なせてやれ。ああ、もうどうでもいい。私の知ったことか。せいぜい華やかにやるがいい、と今は全く道義を越えて、目前の異様な戦慄《せんりつ》の光景をむさぼるように見つめていました。誰も見た事の無いものを私はいま見ている、このプライド。やがてこれを如実に描写できる、この仕合せ。ああ、この男は、恐怖よりも歓喜を、五体しびれる程の強烈な歓喜を感じている様子でありかます。神を恐れぬこの傲慢、痴夢、我執、人間侮辱。芸術とは、そんなに狂気じみた冷酷を必要とするものであったでしょうか。男は、冷静な写真師になりました。芸術家は、やっぱり人ではありません。その胸に、奇妙な、臭い一匹の虫がいます。その虫を、サタン、と人は呼んでいます。

発砲せられた。いまは、あさましい芸術家の下等な眼だけが動く。男の眼は、その決闘のすえ始終を見とどけました。そうして後日、高い誇りを以て、わが見たところを誤またず描写しました。以下は、その原文であります。流石《さすが》に、古今の名描写でありますす。背後の男の、貪婪な観察の眼をお忘れなさらぬようにして、ゆっくり読んでみて下さい。

女学生が最初に打った。自分の技倆に信用を置いて相談に乗ったのだと云う風で、落ち着いてゆっくり発射した。弾丸《たま》は女房の立っている側の白樺の幹をかすって力が無くなって地に落ちて、どこか草の間に隠れた。

その次に女房が打ったが、矢張り中《あた》らなかった。

それから二人で交る代る、熱心に打ち合った。銃の音は木精《こだま》のように続いて鳴り渡った。そのうち女学生の方が先に逆《のぼ》せて来た。そして弾丸が始終高い所ばかりを飛ぶようになった。

女房も矢張り気がぼうっとして来て、なんでもも う百発も打ったような気がしている。その目には遠方に女学生の白いカラが見える。それをきのう的を狙ったように狙って打っている。その白いカラの外《ほか》には、なんにも目に見えない。消えてしまったようである。自分の踏んでいる足下の土地さえ、あるか無いか覚えない。

突然、今自分は打ったか打たぬか知らぬのに、前に目に見えた白いカラが地に落ちた。そして外国語で何か一言云うのが聞えた。

その刹那《せつな》に周囲のものが皆一塊になって見えて来た。灰色の、じっとして動かぬ大空の下の暗い草原、それから白い水潦《みずたまり》、それから側のひょろひょろした白樺の木などである。白樺の木の葉は、この出来事をこわがっているように、風を受けて囁き始めた。

女房は夢の醒《さ》めたように、堅い拳銃を地に投げて、着物の裾《すそ》をまくって、その場を逃げ出した。

女房は人げの無い草原を、夢中になって駆けている。唯自分の殺した女学生のいる場所からなるたけ遠く逃げようとしているのである。跡には草原の中には赤い泉が湧き出したように、血を流して、女学生の体が横《よこた》わっている。

　女房は走れるだけ走って、草臥《くたび》れ切って草原のはずれの草の上に倒れた。余り駆けたので、体中の脈がぴんぴん打っている。そして耳には異様な囁きが聞える。「今血が出てしまって死ぬるのだ」と云うようである。

　こんな事を考えている内に、女房は段段に、しかも余程手間取って、落ち着いて来た。それと同時に草原を物狂わしく走っていた間感じていた、旨く復讐をし遂げたと云う喜《よろこび》も、次第につまらぬものになって来た。丁度向うで女学生の頸の創《きず》から血が流れて出るように、胸に満ちていた喜が逃げてしまうのである。「これで敵《かたき》を討った」と思って、物に追われて途方に暮れた獣のように、夢中で草原を駆けた時の喜は、いつか消えてしまって、自分の上を吹いて通る、これまで覚えた事のない、冷たい風がそれに代ったのである。なんだか女学生が、今死んでいるあたりから、冷たい息が通って来て、自分を凍えさせるようである。たった今まで、草原の中をよろめきながら飛んでいる野の蜜蜂《みつばち》が止まったら、羽を焦《こが》してしまっただろうと思われる程、赤く燃えていた女房の顳顬《こめかみ》が、大理石のように冷たくなった。大きい為事《しごと》をして、ほてっていた小さい手からも、血が皆どこかへ逃げて行ってしまった。

「復讐と云うものはこんなに苦《にが》い味のものか知ら」と、女房は土の上に倒れていながら考えた。そして無意識に唇を動かして、何か渋いものを味わったように頬をすぼめた。併《しか》し此場《このば》を立ち上がって、あの倒れている女学生の所へ行って見るとか、それを介《かい》抱《ほう》して遣《や》るとか云う事は、どうしても遣りたくない。女房はこの出来事に体を縛り付けられて、手足も動かされなくなっているように、冷淡な心持をして時の立つのを待っていた。そして此間に相手の女学生の体からは血が流れて出てしまう筈だと思っていた。

　夕方になって女房は草原で起き上がった。体の節節が狂っていて、骨と骨とが旨く食い合わないような気がする。草臥れ切った頭の中では、まだ絶えず拳銃を打つ音がする。頭の狭い中で、決闘が又しても繰返されているようである。此辺の景物が低い草から高い木まで皆黒く染まっているように見える。そう思って見ている内に、突然自分の影が自分の体を離れて、飛んで出たように、目の前を歩いて行く女が見えて来た。黒い着物を着て、茶色な髪をして白く光る顔をして歩いている。女房はその自分の姿を見て、丁度他人を気の毒に思うように、その自分の影を気の毒に思って、声を立てて泣き出した。

きょうまで暮して来た自分の生涯は、ばったり断ち切られてしまって、もう自分となんの関係も無い、白木の板のようになって自分の背後から浮いて流れて来る。そしてその上に乗る事も、それを拾い上げる事も出来ぬのである。そしてこれから先き生きているなら、どんなにして生きていられるだろうかと想像して見ると、その生活状態の目の前に建設せられて来たのが、如何《いか》にもこれまでとは違った形をしているので、女房はそれを見ておののき恐れた。譬《たと》えば移住民が船に乗って故郷の港を出る時、急に他郷がこわくなって、これから知らぬ新しい境へ引き摩《ず》られて行くよりは、寧《むし》ろ此海の沈黙の中へ身を投げようかと思うようなものである。

そこで女房は死のうと決心して、起ち上がって元気好く、項《うなじ》を反《そら》せて一番近い村をさして歩き出した。

女房は真っ直に村役場に這入《はい》って行ってこう云った。「あの、どうぞわたくしを縛って下さいまし、わたくしは決闘を致しまして、人を一人殺しました。」

第五

決闘の次第は、前回に於いて述べ尽しました。けれども物語は、それで終っているのではありません。火事は一夜で燃え尽しても、火事場の騒ぎは、一夜で終るどころか、人と人との間の疑心、悪罵《あくば》、奔走《ほんそう》、駈引《かけひ》きは、そののち永く、ごたついて尾を引き、人の心を、生涯とりかえしつかぬ程に歪曲《わいきょく》させてしまうものであります。この、前代未聞の女同士の決闘も、とにかく済んだ。意外にも、女房が勝って、女学生が殺された。その有様を、ずるい、悪徳の芸術家が、一つあまさず見とどけて、的確の描写を為し、成功して写実の妙手と称《たた》えられた。さて、それから事件は、どうなったのでしょう。まず、原文を読んでみましょう。原文も、この辺から、調子が落ちて、決闘の場面の描写ほど、張りが無いようであります。それは、その訳です。今迄は、かの流行作家も、女房の行く跡を、飢餓の狼《おおかみ》のようについて歩いて、女房が走ると自分も走り、女房が立ちどまると、自分も踞《かが》み、女房の姿態と顔色と、心の動きを、見つめ切りに見つめていたので、従ってその描写も、どきりとするほどの迫真の力を持つことが出来たのでありますが、いま決闘も終結し、女房は真っ直に村役場に這入って行ってしまったので、もはや観察の手段が無くなりました。下手《へた》に村役場のまわりに、うろついていたら、人に見られて、まずい事になりますす。この芸術家は、神の審判よりも、人の審判を恐れているたちの男でありますから、女房につづいて村役場に飛び込み、自分の心の一切を告白する勇気など持ち合せが無かったのであります。正義よりも、名声を愛して居ります。致しかたの無い事かも知れません。敢《あ》えて責めるべき事で無いかも知れない。人間は、もともとそんな、くだらないものでありますす。この利巧な芸術家も、村役場に這入って行く女房の姿を見て、ちょっと立ちどまり、それから、ばかな事はしたくない、という頗《すこぶ》る当り前の考えから、くるりと廻れ右して、もと来た道をさっさと引き返し、汽車に乗り、何食わぬ顔してわが家に帰り、ごろりとソファに寝ころがった。それから、いろいろ人から聞いて、女房のその後の様子を、次の如く知ることが出来たのであります。以下は、勿論、芸術家が直接に見て知ったことでは無く、さまざまの人達から少しずつ聞いたところのものを綜合して、それに自分の空想をもたくみに案配《あんばい》して綴った、謂《い》わば説明の文章であります。描写の文章では無いようであります。すなわち、女房が村役場に這入って行って、人を一人殺しました、と自首する。

「それを聞いて役場の書記二人はこれまで話に聞いた事も無い出来事なので、女房の顔を見て微笑《ほほえ》んだ。少し取り乱しているが、上流の奥さんらしく見える人が変な事を言うと思ったのである。書記等は多分これはどこかから逃げて来た女気違だろうと思った。

女房は是非縛って貰いたいと云って、相手を殺したと云う場所を精《くわ》しく話した。

それから人を遣って調べさせて見ると、相手の女学生はおおよそ一時間前に、頸の銃創から出血して死んだものらしかった。それから二本の白樺の木の下の、寂しい所に、物を言わぬ証拠人として拳銃が二つ棄ててあるのを見出した。拳銃は二つ共、込めただけの弾丸を皆打ってしまってあった。そうして見ると、女房の持っていた拳銃の最後の一弾が気まぐれに相手の体に中《あた》ろうと思って、とうとうその強情を張り通したものと見える。

　女房は是非このまま抑留して置いて貰いたいと請求した。役場では、その決闘と云うものが正当な決闘であったなら、女房の受ける処分は禁獄に過ぎぬから、別に名誉を損ずるものではないと、説明して聞かせたけれど、女房は飽《あ》くまで留めて置いて貰おうとした。

　女房は自分の名誉を保存しようとは思っておらぬらしい。たったさっきまで、その名誉のために一命を賭《と》したのでありながら、今はその名誉を有している生活と云うものが、そこに住《すま》う事も、そこで呼吸をする事も出来ぬ、雰囲気の無い空間になったように、どこへか押し除《の》けられてしまったように思われるらしい。丁度死んでしまったものが、もう用が無くなったので、これまで骨を折って覚えた言語その外の一切の物を忘れてしまうように、女房は過去の生活を忘れてしまったものらしい。

　女房は市へ護送せられて予審に掛かった。そこで未決檻《みけつかん》に入れられてから、女房は監獄長や、判事や、警察医や僧侶に、繰り返して、切に頼み込んで、これまで夫としていた男に衝《つ》き合せずに置いて貰う事にした。そればかりでは無い。その男の面会に来ぬようにして貰った。それから色色な秘密らしい口《こう》供《きょう》をしたり、又わざと矛盾する口供をしたりして、予審を二三週間長引かせた。その口供が故意にしたのであったと云う事は、後になって分かった。

　或る夕方、女房は檻房《かんぼう》の床の上に倒れて死んでいた。それを見附けて、女の押丁《おうてい》が抱いて寝台の上に寝かした。その時女房の体が、着物だけの目方しかないのに驚いた。女房は小鳥が羽の生えたままで死ぬように、その着物を着た儘で死んだのである。跡から取調べたり、周囲の人を訊問して見たりすると、女房は檻房に入れられてから、絶食して死んだのであった。渡された食物を食わぬと思われたり、又無理に食わせられたりすまいと思って、人の見る前では呑み込んで、直ぐそれを吐き出したこともあったらしい。丁度相手の女学生が、頸の創《きず》から血を出して萎《しな》びて死んだように絶食して、次第に体を萎びさせて死んだのである。」

女房も死んでしまいました。はじめから死ぬるつもりで、女学生に決闘を申込んだ様子で、その辺の女房のいじらしい、また一筋の心理に就いては、次回に於いて精細に述べることにして、今は専《もっぱ》ら、女房の亭主すなわち此の短いが的確の「女の決闘」の筆者、卑怯《ひきょう》千万の芸術家の、その後の身の上に就いて申し上げる事に致します。女学生は、何やら外国語を一言叫んで、死んでいった。女房も、ほとんど自殺に等しい死にかたをして、この世から去っていった。けれども、三人の中で最も罪の深い、この芸術家だけは、死にもせずペンを握って、「小鳥が羽の生えた儘で死ぬように、その着物を着た儘で死んだのである。」などと、自分の女房のみじめな死を、よそごとのように美しく形容し、その棺に花束一つ投入してやったくらいの慈善を感じてすましている。これは、いかにも不思議であります。果して、芸術家というものは、そのように冷淡、心の奥底まで一個の写真機に化しているものでしょうか。私は、否、と答えたいのでありますが、とにかく今、諸君と共に、この難問に就いて、尚《なお》しばらく考えてみることに致しましょう。この悪徳の芸術家は、女房の取調べと同時に、勿論、市の裁判所に召喚され、予審検事の皮肉極まる訊問を受けた筈であります。

——どうも、とんだ災難でございましたね。(と検事は芸術家に椅子を薦《すす》めて言いました。)奥さんのおっしゃる事は、ちっとも筋道がとおりませんので、私ども困って居ります。一体、どういう原因に拠る決闘だか、あなたは、ご存じなんですね。

——存じません。

——私の言いかたが下手《へた》だったのかしら。失礼いたしました。何か、お心当りは在る筈なんですね。

——心当り?

——相手の女学生を、ご存じなんですね。

——相手の?

——いいえ、奥さんの相手です。失礼いたしました。奥さんの決闘の相手です。お互い紳士ですものね。

——存じて居ります。

——え? 何をご存じなんです。煙草《たばこ》はいかがです。ずいぶん煙草を、おやりのようですね。煙草は、思索の翼と言われていますからね。あなたの作品を、うちの女房と娘が奪い合いで読んでいますよ。「法師の結婚」という小説です。私も、そのうち読ませていただくつもりですけれど、天才の在るおかたは羨やましいですね。この部屋は、少し暑過ぎますね。私はこの部屋がきらいなんですよ。窓を開けましょう。さぞ、おいやでしょうね。

——何を申し上げればいいのでしょう。

——いいえ、そういうわけじゃ無いんです。私は、そんな、失礼な事は考えて居りません。お互い、このとしになると、世の中が馬鹿げて見えて来ますね。どうだっていいんです。お互い、弱い者同士ですものね。馬鹿げていますよ。私は、この裁判所と自宅との間を往復して、ただ並木路を往復して歩いて、ふと気がついたら二十年経っていました。いちどは冒険を。いいえ、あなたのことじゃ無いんです。いろいろの事がありましたものね。おや、聞えますね。囚人たちの唱歌ですよ。シオンのむすめ、……

——語れかし！

——わが愛の君に。私は讃美歌をさえ忘れてしまいました。いいえ、そういう謎《なぞ》のつもりでは無かったのです。あなたから、何もお伺《うかが》いしようと思いません。そんなに気を廻さないで下さい。どうも、私も、きょうはなんだか、いやになりました。もう、止しにしましょうか。

——そうお願いできれば、……

——ふん。あなたを罰する法律が無いので、いやになったのですよ。お帰りなさい。

——ありがとう存じます。

——あ、ちょっと。一つだけ、お伺いします。奥さんが殺されて、女学生が勝った場合は、どうなりますか？

——どうもこうもなりません。そいつは残った弾丸で、私をも撃ち殺したでしょう。

——ご存じですね。奥さんは、すると、あなたの命の恩人ということになりますね。

——女房は、可愛げの無い女です。好んで犠牲になったのです。エゴイストです。

——もう一つお伺いします。あなたは、どちらの死を望みましたか？　あなたは、隠れて見ていましたね。旅行していたというのは嘘ですね。あの前夜も、女学生の下宿に訪ねて行きましたね。あなたは、どちらの死を望んでいたのですか？　奥さんでしょうね。

――いいえ、私は、（と芸術家は威厳のある声で言いました。）どちらも生きてくれ、と念じていました。

――そうです。それでいいのです。私はあなたの、今の言葉だけを信頼します。（と検事は、はじめて白い歯を出して微笑《ほほえ》み、芸術家の肩をそっと叩いて、）そうで無ければ、私は今すぐあなたを、未決檻に送るつもりでいたのですよ。殺人幇助《ほうじょ》という立派な罪名があります。

以上は、かの芸術家と、いやらしく老獪《ろうかい》な検事との一問一答の内容でありますが、ただ、これだけでは私も諸君も不満であります。「いいえ、私は、どちらも生きてくれ、と念じていました。」という一言を信じて、検事は、この男を無罪放免という事にした様子でありますが、私たちの心の中に住んでいる小さい検事は、なかなか疑い深くて、とてもこの男を易々と放免することが出来ないのであります。この男は、予審の検事を、だましたのではないでしょうか。「どちらも生きてくれ、と念じていました。」というのは、嘘ではないか。この男は、あの決闘のとき、白樺の木の蔭に隠れて、ああ、どっちも死ね！　両方死ね、いやいや、女房だけ死ね！　女房を殺してくれ、と全身に油汗を流して念じていた瞬間が、在ったじゃないか。確かに在った。この男は、あれを忘れているのであろうか。或いはちゃんと覚えている癖《くせ》に、成長した社会人特有の厚顔無恥の、謂わば世馴れた心から、けろりと忘れた振りして、平気で嘘を言い、それを取調べる検事も亦《また》、そこのところを見抜いていながら、その追究を大人《おとな》気《げ》ないものとして放棄し、とにかく話の筋が通って居れば、それで役所の書類作成に支障は無し、自分の勤めも大過無し、正義よりも真実よりも自分の職業の無事安泰が第一だと、そこは芸術家も検事も、世馴れた大人同士の暗黙の了解ができて、そこで、「どちらも生きてくれと念じていました。」「よろしい、信頼しましょう。」ということになったのでは無いでしょうか。けれども、その疑惑は、間違っています。私は、それに就いて、いま諸君に、僭《せん》越《えつ》ながら教えなければなりません。その時の、男の答弁は正しいのです。また、その一言を信頼し、無罪放免した検事の態度も正しいのです。決してお互い妥協しているのではありません。男は、あの決闘の時、女房を殺せ！　と願いました。と同時に、決闘やめろ！　拳銃からりと投げ出して二人で笑え、と危く叫ぼうとしたのであります。人は、念々と動く心の像すべてを真実と見做《みな》してはいけません。自分のものでも無い或る卑しい想念を、自分の生れつきの本性の如く誤って思い込み、悶々している気弱い人が、ずいぶん多い様子であります。卑しい願望が、ちらと胸に浮ぶことは、誰にだってあります。時々刻々、美醜さまざまの想念が、胸に浮んでは消え、浮んでは消えて、そうして人は生きています。その場合に、醜いものだけを正体として信じ、美しい願望も人間には在るという事を忘れているのは、間違いであります。念々と動く心の像は、すべて「事実」として存在はしても、けれども、それを「真実」として指摘するのは、間違いなのでありますす。真実は、常に一つではありませんか。他は、すべて信じなくていいのです。忘れていていいのです。多くの浮遊の事実の中から、たった一つの真実を拾い出して、あの芸術家は、権威を以《もっ》て答えたのです。

検事も、それを信じました。二人共に、真実を愛し、真実を触知し得る程の立派な人物であったのでしょう。

あの、あわれな、卑屈な男も、こうして段々考えて行くに連れて、少しずつ人間の位置を持ち直して来た様子であります。悪いと思っていた人が、だんだん善くなって来るのを見る事ほど楽しいことはありません。弁護のしついでに、この男の、身中の虫、「芸術家」としての非情に就いても、ちょっと考えてみることに致しましょう。この男ひとりに限らず、芸術家というものは、その腹中に、どうしても死なぬ虫を一匹持っていて、最大の悲劇をも冷酷の眼で平気で観察しているものだ、と前回に於いても、前々回に於いても非難して来た筈でありますが、その非難をも、ちょっとついでに取り消してお目に掛けたくなりました。何も、人助けの為であります。慈善は、私の本性かも知れません。「醜いものだけを正体として信じ、美しい願望も人間には在るということを忘れているのは、間違いであります。」とD先生が教えて居ります。何事も、自分を、善いほうに解釈して置くのがいいようだ。さて、芸術家には、人で無い部分が在る、芸術家の本性は、サタンである、という私の以前の仮説に対して、私は、もう一つの反立法を持ち合せているのであります。それを、いま、お知らせ致します。

――リュシエンヌよ、私は或る声楽家を知っていた。彼が許嫁《いいなずけ》の死の床に侍して、その臨終に立会った時、傍らに、彼の許嫁の妹が身を慄《ふる》わせ、声をあげて泣きむせぶのを聴きつつ、彼は心から許嫁の死を悲しみながらも、許嫁の妹の涕泣《ていきゅう》に発声法上の欠陥のある事に気づいて、その涕泣に迫力を添えるには適度の訓練を必要とするのではなかろうか。と不《ふ》図《と》考えたのであった。而《しか》もこの声楽家は、許嫁との死別の悲しみに堪えずしてその後間もなく死んでしまったが、許嫁の妹は、世間の掟に従って、忌の果てには、心置きなく喪服を脱いだのであった。

これは、私の文章ではありません。辰野隆先生訳、仏人リイル・アダン氏の小話であります。この短い実話を、もう一度繰りかえして読んでみて下さい。ゆっくり読んでみて下さい。薄情なのは、世間の涙もろい人たちの間にかえって多いのであります。芸術家は、めったに泣かないけれども、ひそかに心臓を破って居ります。人の悲劇を目前にして、目が、耳が、手が冷いけれども、胸中の血は、再び旧にかえらぬ程に激しく騒いでいます。芸術家は、決してサタンではありません。かの女房の卑劣な亭主も、こう考えて来ると、あながち非難するにも及ばなくなったようであります。眼は冷く、女房の殺人の現場を眺め、手は平然とそれを描写しながらも、心は、なかなか悲愁断腸のものが在ったのではないでしょうか。次回に於いて、すべてを述べます。

第六

いよいよ、今回で終りであります。一回、十五、六枚ずつにて半箇年間、つまらぬ事ばかり書いて来たような気が致します。私にとっては、その間に様々の思い出もあり、また自身の体験としての感懐も、あらわにそれと読者に気づかれ無いように、こっそり物語の奥底に流し込んで置いた事でもありますから、私一個人にとっては、之《これ》は、のちのちも愛着深い作品になるのではないかと思って居ります。読者には、あまり面白くなかったかも知れませんが、私としては、少し新しい試みをしてみたような気もしているので、もう、この回、一回で読者とおわかれするのは、お名残り惜しい思いであります。所詮《しょせん》、作者の、愚かな感傷ではありますが、殺された女学生の亡霊、絶食して次第に体を萎《しな》びさせて死んだ女房の死顔、ひとり生き残った悪徳の夫の懊悩《おうのう》の姿などが、この二、三日、私の背後に影法師のように無言で執拗《しつよう》に、つき従っていたことも事実であります。

　さて、今回は、原文を、おしまいまで全部、読んでしまいましょう。説明は、その後でする事に致します。

――遺物を取り調べて見たが、別に書物も無かった。夫としていた男に別《わかれ》を告げる手紙も無く、子供等に暇乞《いとまごい》をする手紙も無かった。唯一度檻房へ来た事のある牧師に当てて、書き掛けた短い手紙が一通あった。牧師は誠実に女房の霊を救おうと思って来たのか、物珍らしく思って来て見たのか、それは分からぬが、兎《と》に角《かく》一度来たのである。この手紙は牧師の二度と来ぬように、謂《い》わば牧師を避けるために書く積りで書き始めたものらしい。煩悶《はんもん》して、こんな手紙を書き掛けた女の心を、その文句が幽《かす》かに照しているのである。

「先日お出でになった時、大層御尊信なすってお出での様子で、お話になった、あのイエス・クリストのお名に掛けて、お願致します。どうぞ二度とお尋下さいますな。わたくしの申す事を御信用下さい。わたくしの考では若しイエスがまだ生きてお出《い》でなされたなら、あなたがわたくしの所へお出でなさるのを、お遮《さえぎ》りなさる事でしょう。昔天国の門に立たせて置かれた、あの天使のように、イエスは燃える抜身を手にお持になって、わたくしのいる檻房へ這《は》入《い》ろうとする人をお留《とめ》なさると存じます。わたくしはこの檻房から、わたくしの逃げ出して来た、元の天国へ帰りたくありません。よしや天使が薔薇《ばら》の綱をわたくしの体に巻いて引入れようとしたとて、わたくしは帰ろうとは思いません。なぜと申しますのに、わたくしがそこで流した血は、決闘でわたくしの殺した、あの女学生の創《きず》から流れて出た血のようにもう元へは帰らぬのでございます。わたくしはもう人の妻でも無ければ人の母でもありません。もうそんなものには決してなられません。永遠になられません。ほんにこの永遠と云う、たっぷり涙を含んだ二字を、あなた方どなたでも理解して尊敬して下されば好《よ》いと存じます。」

「わたくしはあの陰気な中庭に入り込んで、生れてから初めて、拳銃と云うものを打って見ました時、自分が死ぬる覚悟で致しまして、それと同時に自分の狙《ねら》っている的《まと》は、即ち自分の心《しん》の臓《ぞう》だと云う事が分かりました。それから一発一発と打つたびに、わたくしは自分で自分を引き裂くような愉快を味わいました。この心の臓は、もとは夫や子供の側で、セコンドのように打っていて、時を過ごして来たものでございます。それが今は数知れぬ弾丸《たま》に打ち抜かれています。こんなになった心の臓を、どうして元の場所へ持って行かれましょう。よしやあなたが主御自身であっても、わたくしを元へお帰しなさる事はお出来になりますまい。神様でも、鳥よ虫になれとは仰《おっし》ゃる事が出来ますまい。先にその鳥の命をお断ちになってからでも、そう仰ゃる事は出来ますまい。わたくしを生きながら元の道へお帰らせなさることのお出来にならないのも、同じ道理でございます。幾らあなたでも人間のお詞《ことば》で、そんな事を出来《でか》そうとは思召《おぼしめ》しますまい。」

「わたくしは、あなたの教《おしえ》で禁じてある程、自分の意志のままに進んで参って、跡を振り返っても見ませんでした。それはわたくし好く存じています。併《しか》しどなただって、わたくしに、お前の愛しようは違うから、別な愛しようをしろと仰《おっし》ゃる事は出来ますまい。あなたの心の臓はわたくしの胸には嵌《は》まりますまい。又わたくしのはあなたのお胸には嵌まりますまい。あなたはわたくしを、謙遜を知らぬ、我慾の強いものだと仰ゃるかも知れませんが、それと同じ権利で、わたくしはあなたを、気の狭い卑屈な方だと申す事も出来ましょう。あなたの尺度でわたくしをお測りになって、その尺度が足らぬからと言って、わたくしを度はずれだと仰ゃる訳には行きますまい。あなたとわたくしとの間には、対等の決闘は成り立ちません。お互に手に持っている武器が違います。どうぞもうわたくしの所へ御出で下さいますな。切にお断《ことわり》申します。」

「わたくしの為には自分の恋愛が、丁度自分の身を包んでいる皮のようなものでございました。若《も》しその皮の上に一寸《ちょっと》した染《しみ》が出来るとか、一寸した創《きず》が付くとかしますと、わたくしはどんなにしてでも、それを癒《い》やしてしまわずには置かれませんでした。わたくしはその恋愛が非常に傷けられたと存じました時、その為に、長煩いで腐って行くように死なずに、意識して、真っ直ぐに立った儘で死のうと思いました。わたくしは相手の女学生の手で殺して貰おうと思いました。そうしてわたくしの恋愛を潔く、公然と相手に奪われてしまおうと存じました。」

「それが反対になって、わたくしが勝ってしまいました時、わたくしは唯名誉を救っただけで、恋愛を救う事が出来なかったのに気が付きました。総《すべ》ての不治の創の通りに、恋愛の創も死ななくては癒えません。それはどの恋愛でも傷けられると、恋愛の神が侮辱せられて、その報いに犠牲を求めるからでございます。決闘の結果は予期とは相違していましたが、兎《と》に角《かく》わたくしは自分の恋愛を相手に渡すのに、身を屈めて、余儀なくせられて渡すのでは無く、名誉を以て渡そうとしたのだと云うだけの誇を持っています。」

「どうぞ聖者の毫光《ごうこう》を御尊敬なさると同じお心持で、勝利を得たものの額の月桂冠を御尊敬なすって下さいまし。」

「どうぞわたくしの心の臓をお労《いた》わりなすって下さいまし。あなたの御尊信なさる神様と同じように、わたくしを大胆に、偉大に死なせて下さいまし。わたくしは自分の致した事を、一人で神様の前へ持って参ろうと存じます。名誉ある人妻として持って参ろうと存じます。わたくしは十字架に釘付けにせられたように、自分の恋愛に釘付けにせられて、数多の創から血を流しています。こんな恋愛がこの世界で、この世界にいる人妻のために、正当な恋愛でありましたか、どうでしたか、それはこれから先の第三期の生活に入ったなら、分かるだろうと存じます。わたくしが、この世に生れる前と、生れてからとで経験しました、第一期、第二期の生活では、それが教えられずにしまいました。」

ここまで書いて来て、かの罪深き芸術家は、筆を投じてしまいました。女房の遺書の、強烈な言葉を、ひとつひとつ書き写している間に、異様な恐怖に襲われた。背骨を雷に撃たれたような気が致しました。実人生の、暴力的な真剣さを、興覚めする程に明確に見せつけられたのであります。たかが女、と多少は軽蔑を以て接して来た、あの女房が、こんなにも恐ろしい、無茶なくらいの燃える祈念で生きていたとは、思いも及ばぬ事でした。女性にとって、現世の恋情が、こんなにも焼き焦げる程ひとすじなものとは、とても考えられぬ事でした。命も要らぬ、神も要らぬ、ただ、ひとりの男に対する恋情の完成だけを祈って、半狂乱で生きている女の姿を、彼は、いまはじめて明瞭に知る事が出来たのでした。彼は、もともと女性軽蔑者でありました。女性の浅間《あさま》しさを知悉《ちしつ》しているつもりでありました。女性は男に愛撫されたくて生きている。称讃されたくて生きている。我利我利。淫蕩《いんとう》。無智。虚栄。死ぬまで怪しい空想に身悶《みもだ》えしている。貪慾《どんよく》。無思慮。ひとり合点。意識せぬ冷酷。無恥厚顔。吝嗇《りんしょく》。打算。相手かまわぬ媚態《びたい》。ばかな自惚《うぬぼ》れ。その他、女性のあらゆる悪徳を心得ているつもりでいたのであります。女で無ければわからぬ気持、そんなものは在り得ない。ばかばかしい。女は、決して神秘でない。ちゃんとわかっている。あれだ。猫だ。と此《こ》の芸術家は、心の奥底に、そのゆるがぬ断定を蔵していて、表面は素知らぬ振りしてわが女房にも、また他の女にも、当らず触らずの愛想のいい態度で接していました。また、この不幸の芸術家は、女の芸術家というものをさえ、てんで認めていませんでした。当時の甘い批評家たちが、女の作家の二、三の著書に就いて、女性特有の感覚、女で無ければ出来ぬ表現、男にはとてもわからぬ此の心理、などと驚歎の言辞を献上するのを見て、彼はいつでも内心、せせら笑って居りました。みんな男の真似ではないか。男の作家たちが空想に拠《よ》って創造した女性を見て、女は、これこそ真の私たちの姿だ、と愚かしく夢中になって、その嘘の女性の型に、むりやり自分を押し込めようとするのだが、悲しい哉《かな》、自分は胴が長すぎて、脚が短い。要らない脂肪が多過ぎる。それでも、自分は、ご存じ無い。実に滑稽奇怪の形で、しゃなりしゃなりと歩いている。男の作家の創造した女性は、所詮、その作家の不思議な女装の姿である。女では無いのだ。どこかに男の「精神」が在る。ところが女は、かえってその不自然な女装の姿に憧《あこが》れて、その毛臑《けずね》の女性の真似をしている。滑稽の極である。もともと女であるのに、その姿態と声を捨て、わざわざ男の粗暴の動作を学び、その太い音声、文章を「勉強」いたし、さてそれから、男の「女音」の真似をして、「わたくしは女でございます。」とわざと嗄《しわが》れた声を作って言い出すのだから、実に、どうにも浅間しく複雑で、何が何だか、わからなくなるのである。女の癖に口鬚《くちひげ》を生やし、それをひねりながら、「そもそも女というものは、」と言い出すのだから、ややこしく、不潔に濁って、聞く方にとっては、やり切れぬ。所謂《いわゆる》、女特有の感覚は、そこには何も無い。女で無ければ出来ぬ表現も、何も無い。男にはとてもわからぬ心理なぞは勿論、在るわけは無い。もともと男の真似なのだ。女は、やっぱり駄目なものだ、というのが此の中年の芸術家の動かぬ想念であったのであります。けれども、いま、自身の女房の愚かではあるが、強烈のそれこそ火を吐くほどの恋の主張を、一字一字書き写しているうちに、彼は、これまで全く知らずにいた女の心理を、いや、女の生理、と言い直したほうがいいかも知れぬくらいに、なまぐさく、また可憐な一筋の思いを、一糸纏《まと》わぬ素はだかの姿で見てしまったような気がして来たのであります。知らなかった。女というものは、こんなにも、せっぱつまった祈念を以て生きているものなのか。愚かには違い無いが、けれども、此の熱狂的に一直線の希求には、何か笑えないものが在る。恐ろしいものが在る。女は玩具、アスパラガス、花園、そんな安易なものでは無かった。この愚直の強さは、かえって神と同列だ。人間でない部分が在る、と彼は、真実、驚倒した。筆を投じて、ソファに寝ころび、彼は、女房とのこれ迄の生活を、また、決闘のいきさつを、順序も無くちらちら思い返してみたのでした。あ、あ、といちいち合点がゆくのです。私は女房を道具と思っていたが、女房にとっては、私は道具で無かった。生きる目あての全部であった、という事が、その時、その時の女房の姿態、無言の行動ではっきりわかるような気がして来たのであります。女は愚かだ。けれども、なんだか懸命だ。とてもロマンスにならない程、むき出しに懸命だ。女の真実というものは、とても、これは小説にならぬ。女の書いてはならぬ。神への侮辱だ。なるほど、女の芸術家たちが、いちど男に変装して、それからまた女に変装して、女の振りをする、というややこしい手段を採用するのも、無理もない話だ。女の、そのままの実体を、いつわらずぶちまけたら、芸術も何も無い、愚かな懸命の虫一匹だ。人は、息を呑《の》んでそれを凝視するばかりだ。愛も無い、歓びも無い、ただしらじらしく、興覚めるばかりだ。私はこの短篇小説に於いて、女の実体を、あやまち無く活写しようと努めたが、もう止そう。まんまと私は、失敗した。女の実体は、小説にならぬ。書いては、いけないものなのだ。いや、書くに忍びぬものが在る。止そう。この小説は、失敗だ。女というものが、こんなにも愚かな、盲目の、それゆえに半狂乱の、あわれな生き物だとは知らなかった。まるっきり違うものだ。女は、みんな、――いや、言うまい。ああ、真実とは、なんて興覚めなものだろう。男は、ふいと死にたく思いました。なんの感激も無しに立って、「卓に向い、その時たまたま記憶に甦って来た曾遊《そうゆう》のスコットランドの風景を偲《しの》ぶ詩を二三行書くともなく書きとどめ、新刊の書物の数頁を読むともなく読み終ると、『いやに胸騒ぎがするな』と呟《つぶや》きながら、小机の抽斗《ひきだし》から拳銃を取り出したが、傍のソファに悠然と腰を卸《おろ》してから、胸に銃口を当てて引金を引いた。」之《これ》が、かの悪徳の夫の最後でありました、と言えば、かのリイル・アダン氏の有名なる短篇小説の結末にそっくりで、多少はロマンチックな匂いも発して来るのでありますが、現実は、決して、そんなに都合よく割り切れず、此の興覚めの強力な実体を見た芸術家は立って、ふらふら外へ出て、そこらを暫《しばら》く散歩し、やがてまた家へ帰り、部屋を閉め切って、さてソファにごろりと寝ころび、部屋の隅の菖蒲《しょうぶ》の花を、ぼんやり眺め、また徐《おもむ》ろに立ち上り菖蒲の鉢に水差しの水をかけてやり、それから、いや、別に変った事も無く、翌《あく》る日も、その翌る日も、少くとも表面は静かな作家の生活をつづけていっただけの事でありました。失敗の短篇「女の決闘」をも、平気を装って、その後間も無く新聞に発表しました。批評家たちは、その作品の構成の不備を指摘しながらも、その描写の生々しさを、賞讃することを忘れませんでした。どうやら、佳作、という事に落ちついた様子であります。けれども芸術家は、その批評にも、まるで無関心のように、ぼんやりしていました。それから、驚くべきことには、実にくだらぬ通俗小説ばかりを書くようになりました。いちど、いやな恐るべき実体を見てしまった芸術家は、それに拠っていよいよ人生観察も深くなり、その作品も、所謂《いわゆる》、底光りして来るようにも思われますが、現実は、必ずしもそうでは無いらしく、かえって、怒りも、憧《あこが》れも、歓びも失い、どうでもいいという白痴の生きかたを選ぶものらしく、この芸術家も、あれ以来というものは、全く、ふやけた浅墓《あさはか》な通俗小説ばかりを書くようになりました。かつて世の批評家たちに最上級の言葉で賞讃せられた、あの精密の描写は、それ以後の小説の片隅にさえ、見つからぬようになりました。次第に財産も殖《ふ》え、体重も以前の倍ちかくなって、町内の人たちの尊敬も集り、知事、政治家、将軍とも互角の交際をして、六十八歳で大往生いたしました。その葬儀の華やかさは、五年のちまで町内の人たちの語り草になりました。再び、妻はめとらなかったのであります。

というのが、私（DAZAI）の小説の全貌なのでありますが、もとより之は、冒瀆《ぼうとく》であり HERBERT EULENBERG 氏の原作の、許しがたい冒瀆であります。原作者オイレンベルグ氏は、決して私のこれまで述べて来たような、悪徳の芸術家では、ありません。それは、前にも、くどく断って置いた筈でありますか。必ず、よい御家庭の、佳《よ》き夫であり、佳き父であり、つつましい市民としての生活を忍んで、一生涯をきびしい芸術精進にささげたお方であると、私は信じて居ります。前にも、それは申しましたが、「尊敬して居ればこそ、安心して甘えるのだ。」という日本の無名の貧しい作家の、頗《すこぶ》る我儘《わがまま》な言い訳に拠って、いまは、ゆるしていただきます。冗談にもせよ、人の作品を踏台にして、そうして何やら作者の人柄に傷つけるようなスキャンダルまで捏造《ねつぞう》した罪は、決して軽くはありません。けれども、相手が、一八七六年生れ、一昔まえの、しかも外国の大作家であるからこそ、私も甘えて、こんな試みを為したので、日本の現代の作家には、いくら何でも、決してゆるされる事ではありません。それに、この原作は、第二回に於いて、くわしく申して置きましたように、原作者の肉体疲労のせいか、たいへん投げやりの点が多く、単に素材をほうり出したという感じで、私の考えている「小説」というものとは、甚だ遠いのであります。もっとも、このごろ日本でも、素材そのままの作品が、「小説」として大いに流行している様子でありますが、私は時たま、そんな作品を読み、いつも、ああ惜しい、と思うのでありまます。口はばったい言い方でありますが、私に、こんな素材を与えたら、いい小説が書けるのに、と思う事があります。素材は、小説でありません。素材は、空想を支えてくれるだけであります。私は、今まで六回、たいへん下手で赤面しながらも努めて来たのは、私のその愚かな思念の実証を、読者にお目にかけたかったが為でもあります。私は、間違っているでしょうか。

　これは非常に、こんぐらかった小説であります。私が、わざとそのように努めたのであります。その為にいろいろ、仕掛もして置いたつもりでありますから、ひまな読者は、ゆっくりお調べを願います。ほんとうの作者が一体どこにいるのか、わからなくしてしまおうとさえ思いましたが、調子に乗って浮薄な才能を振り廻していると、とんでも無い目に遭います。神に罰せられます。私は、それに就いては、節度を保ったつもりであります。とにかく、この私の「女の決闘」をお読みになって、原作の、女房、女学生、亭主の三人の思いが、原作に在るよりも、もっと身近かに生臭く共感せられたら、成功であります。果して成功しているかどうか、それは読者諸君が、各々おきめになって下さい。

　私の知合いの中に、四十歳の牧師さんがひとり居ります。生れつき優しい人で、聖書に就いての研究も、かなり深いようであります。みだりに神の名を口にせず、私のような悪徳者のところへも度々たずねて来てくれて、私が、その人の前で酒を呑み、大いに酔っても、べつに叱りも致しません。私は教会は、きらいでありますが、でも、この人のお説教は、度々聞きにまいります。先日、その牧師さんが、苺《いちご》の苗をどっさり持って来てくれて、私の家の狭い庭に、ご自身でさっさと植えてしまいました。その後で、私は、この牧師さんに、れいの女房の遺書を読ませて、その感想を問いただしました。

「あなたなら、この女房に、なんと答えますか。この牧師さんは、たいへん軽蔑されてやっつけられているようですが、これは、これでいいのでしょうか。あなたは、この遺書をどう思います。」

　牧師さんは顔を赤くして笑い、やがて笑いを収め、澄んだ眼で私をまっすぐに見ながら、

「女は、恋をすれば、それっきりです。ただ、見ているより他はありません。」

　私たちは、きまり悪げに微笑《ほほえ》みました。

講義編

「女の決闘」
太宰治

書きかえることに意識的な小説家

今読んでもらったように、森鷗外が翻訳したHerbert Eulenberg（「オイレンベルク」と「オイレンベルグ」で、人名の日本語表記が異なっていますが、原典のままにしています）の小説「女の決闘」を書き直した小説家というのは太宰治でした。全くそのままの『女の決闘』というタイトルで（オイレンベルグの原作と区別するために二重カギ括弧で表記することにします）、しかも原文を全て引用した上で、「DAZAI」を名乗る「私」がそれにコメントを付けつつ、「女学生」や「女房」の夫について書き足していく、何とも人を食った小説です。

ただ、この小説が連載された『月刊小説』は、小説を書きたい、小説家になりたいと思っている読者向けの雑誌だった、と言われると、こういう書き方にも納得できるところがあるのではないでしょうか。冒頭140頁の「一回十五枚ずつで、六回だけ、私がやってみることにします」というのは、小説の書き方実践講座を六回連載するという意味だとも考えられます。さらに143頁に「物語を創るなら、せめて、これくらいの書き出しから説き起してみたいものですね」と書いてあるのも、対象が小説を書きたい読者だからこその言葉だと想像できます。

太宰治は、代表作とされる「人間失格」（一九四八年）が自分自身の体験を元に書いたものと考えられているために、いわゆる私小説的な作風の小説家と考えられていますが、初期の「猿面冠者」（一九三四年）、「道化の華」（一九三五年）、「虚構の春」（一九三六年）のような実験的な作風の小説があったり、また「聖書」を元にした「駆込み訴え」（一九四〇年）、井原西鶴の諸作を元にした「新釈諸国噺」（一九四五年）のようなパロディの方法を用いた小説があったり、常に方法を意識した小説を書いています。中学校の国語教科書に採用されているので多くの人が読んでいる「走れメロス」（一九四〇年）も、既にある詩や物語を書き換えたパロディなのはよく知られていることです。

「人間失格」にしても、自分自身の体験に取材してはいるものの、同時に様々な形でフィクションを盛りこんで書かれたものです。告白手記のパロディとして、告白という行為にどのように自己劇化の力が働いて、自分を悲劇の主人公として描いてしまうのか、というテーマを扱った小説として捉えることができます。

新たな小説を書くということは、既にある小説を書きかえることである、太宰治は本書で繰り返し述べているこの考え方に特に意識的な小説家だったのです。この考え方を小説を書きたい読者に啓発するために書かれたのが『女の決闘』だったわけです。どのように小説家が発想して新たな小説を生み出すのか、小説の書き方の見本を示して見せ、小説家の小説を書く現場を伝える小説であるとも言えるでしょう。「第二」の中の言葉を借りれば、「この「女の決闘」という小品を土台にして私が、全く別な物語を試みようとしている」（151頁）訳です。

新しい小説を生み出すきっかけ

では、どのような点に注目して、「女の決闘」が『女の決闘』に書き換えられたのかを確認してみましょう。前の章の実習編で、おそらく多くの人が考えたように、「女の決闘」では詳しく書かれていなかった、「女学生」と、「女房」の夫について書き足し肉付けするというのが『女の決闘』の書き換えの方針でした。たとえば、ミルクを飲んだり汗をかいたり、また八重歯が目立ったりといった肉体性を伴った記述が足されています。ただ、そこから先はさすがにプロの仕事で、一ひねり二ひねりして、「女房」の夫を原作者の「オイレンベルグさん」と設定し、また「女学生」が彼とつきあっていた理由は、愛していたからではなく、「科学者」として「芸術家」という「不思議な生物」を「探究してみたかった」という意外な本音が彼女自身によって語られます。

一つ一つ見ていきましょう。まず、夫が小説を書いた本人である、という書き換えのきっかけとして示されているのは、「女房」が店に短銃を買いに行った時の様子を描いた箇所の「異様な」「冷淡さ」「そっけなさ」（148頁）です。そして、「この小説の描写に於いて見受けられる作者の異常な憎悪感は、（的確とは、憎悪の一変形でありますから、）直接に、この作中の女主人公に対する抜きさしならぬ感情から出発している」（150頁）という仮説を立て、それは作者こそが「女房」の夫だからだと続けるわけです。先行して存在する過去の小説の表現の特質を見抜いて、そこを書き換える糸口にする、これが新しい小説を生み出すきっかけである、ということを『女の決闘』は教えてくれています。

もっとも、このあたりに実はプロの手練手管が使われていて、たとえば引用した文章で何気なくカッコで囲われている「的確とは、憎悪の一変形でありますから」という一節には特に根拠はありません。いや、憎悪してなくても的確に描写はできるだろう、と十分ツッコむこともできるのですが、この前後はとても調子よくたたみかけるような文体で書かれており、読者は知らず知らずのうちに「私（DAZAI）」のペースに巻きこまれてしまいます。

更に、「女学生」の本音も、原作のわずかな一節を膨らませるところから生み出されたものです。前の章で「女の決闘」を取り上げた際にも引用していた「女学生の方が、何か言ったり、問うて見たりしたいのを堪えているかと思われる」という記述から、では「女学生」が言いたかったこと、問いたかったこととは何か、という〈空所〉を埋めたのが、「第三」の冒頭の「私はあの人を愛していない。あなたはほんとに愛しているの。」（152頁）という一文だということになります。もし、「女学生」が確信を持って愛する男を奪うために決闘に臨んだのであれば、今更「女房」と話したり問いかけたりする必要は無い、おそらくそのような発想から、彼女が決闘を受け入れた理由を考え直す糸口にできる、と考えたのではないかと思われます。

もっとも、「堪えているかと思われる」と語っているのは、「女の決闘」の語り手のわけです。だから、本当に「女学生」が「何か言ったり、問うて見たりしたい」のかはわからないのですが、逆にそのように推測するのはどうしてなのか、と更に発想を広げると、実は「女学生」のことをよく知っている者が、そう推測しているという風に考えることもできるのです。第三章で述べたように、「女の決闘」は多くの箇所で「女房」に寄り添いつつ、いくつかの箇所では彼女から離れて、登場人物を外から観察するように書いているのですが、いわばこの語りの隙とも言える記述を糸口として、詳しく描かれていない心情について書き足しているわけです。第一章でも述べましたが、やはり小説を語り方に注目して読むことは、それを書き換えて新たな小説を生み出す上で重要なポイントになるのです。この書き足しによって、「女房」にも「女学生」にも決闘に望む特別な理由があったことが明らかになります。一人の男をめぐっての二人の女性の恋の鞘当てでしかなかった「女の決闘」は、より複雑な心情を抱えた女性たちの自身の存在意義を賭けた争いへと様相を変えています。

さて、「女学生」が、決闘の場所に向かいながらも迷っている、と考えると、決闘の原因を作った「女房」の夫はどういう人物なのか、そもそも二人の関係はどういうものだったのか、という風に発想が広がっていきます。夫が「ヘルベルト・オイレンベルグさん」本人であるという読みについては既にふれましたが、このようなとらえ方は今も日本で文学（も含めた広い表現にかかわるところ）で強い影響力を持っている私小説的な発想、つまり小説（などの作品）を作者自身の体験と結びつける発想を利用しています。作者自身の体験を直接に題材にした私小説と呼ばれるものに限らず、たとえ作者本人とは全く設定が異なる登場人物ばかりが出て来る場合でも、たとえば恋愛が出て来たら作者自身の恋愛体験に影響されているのではないか、と考える、それが私小説的な発想です。テレビなどで作家が紹介される時にも、この発想でストーリーが作られることが多いですし、みなさんにも、ついそういう考え方をしてしまった心当たりがあるのではないでしょうか。

ただ、太宰治自身がそういう発想を正しいと思って、『女の決闘』で「ヘルベルトさん」が夫本人であると主張しているわけではありません。すぐに「嘘」であると否定していますし、また「一歩前進二歩退却」（『文筆』一九三八年八月号）[*注1] というエッセイでは、「作品を、作家から離れた署名なしの一個の生き物として独立させては呉《く》れない」と作品の受け取られ方について批判をしています。前に述べたように、現在太宰治の小説は彼自身の体験をそのまま書いたものと捉えられがちですが、それは生前からあったことで、本人もかなり迷惑がっていたようです。私小説のパロディを書いたのに、普通の私小説として読まれてしまったということですが、『女の決闘』の夫＝オイレンベルグ自身という見立てはそういう偏った見方に対する皮肉として書かれているわけです。

ただ、『女の決闘』を実習で読んだ学生の中には、夫＝「原作者」・「芸術家」について、いかにも太宰治っぽい、という感想を抱いた人が毎年いたので、その皮肉はなかなか通じにくいものなのかもしれません。

「芸術家」という職業をテーマにした小説

ところで、「原作者」の「オイレンベルグ」である夫について、小説中では途中からずっと「芸術家」と呼んでいるわけですが、実はこれも何気ないテクニックです。小説家すなわち「芸術家」となっているのは、「第三」の初めの方で夫が伝える「女房」の言葉、「私にも少しずつ、芸術家の辛苦というものが、わかりかけてまいりました」（153頁）というのが最初ですが、それは「女学生」の語る言葉に引き継がれ、その後も「私」の語る地の文にも引き継がれていきます。確かに小説家は社会において「芸術家」として遇されることがあるので、それ自体はおかしなことではないのですが、『女の決闘』においてはそれによって過去に書かれたまた別の小説を呼びこむという効果をもたらしています。

それが、「第四」の前半に名前が出てきている「藤十郎の恋」という小説です。「私」は「諸君は、藤十郎の恋、というお話をご存じでしょうか」（161頁）と問うていますが、二十一世紀の読者であるみなさんの中でこの小説を知っている、読んだことがあるという人はほとんどいないのではないでしょうか。「藤十郎の恋」（『大阪毎日新聞』一九一九年四月）[*注2]は『女の決闘』の二十年ほど前に発表された菊池寛の小説で、彼の友人だった芥川龍之介の「地獄変」（『大阪毎日新聞』一九一八年五月）[*注3]と並んで芸術家のエゴイズムをテーマした小説として知られていました。ちなみに、有名な芥川賞（正式名称は「芥川龍之介賞」です）を始めたのは、やはり有名な文藝春秋という出版社の創設者でもある菊池寛です。

「藤十郎の恋」という小説は、『女の決闘』にもあるように江戸時代の歌舞伎の名優坂田藤十郎が主人公です。この小説を読んでいない人にはわかりにくかったかもしれませんが、人妻に恋をする役を演じなければならなかった藤十郎は、行きつけの料亭の女将（話の流れでおわかりでしょうが既婚者です）を口説き、不倫をする人の感情を疑似体験《シミュレーション》しようとするというストーリーです。新潮文庫の『藤十郎の恋・恩讐の彼方に』に収録されていますし、青空文庫でも読むことはできますので、詳細については実際に読んでもらうことにして、ここでのポイントは『女の決闘』の夫を「芸術家」とすることで、ジャンルを超えて役者・俳優である藤十郎や絵師・画家である「地獄変」の主人公と肩を並べることができる、ということです。「女の決闘」には無かった、芸術家小説という側面を『女の決闘』は持っています。

ただ、『女の決闘』における芸術家の姿は、先行する小説で描かれた姿に比べて、ずいぶんと情けなく滑稽な戯画化されたものになっています。また、「藤十郎の恋」についても、藤十郎が劇的に描かれすぎている、実際はもっと心情の変化があったのではないか、という批評が行なわれています。いわば芸術家としての（自己）劇化が行き過ぎている、ということなのですが、これは『女の決闘』が菊池寛や芥川龍之介の小説に対して持っている批評性というものです。彼らが生きていた時代はまだ芸術家の地位が社会の中で疑われてはいない（より正しくは日本において漸く確立したばかりの）時代だったので、芸術家が芸術に没頭する中で生まれるエゴイズムということが、まともなテーマとなり得たのですが、太宰治が登場した頃には、大衆の力が無視できなくなり、それどころか大衆こそが社会・文化の中心であることが自明の前提となっており、芸術家のエゴイズムなどという呑気なことはまともなテーマにはならなくなっていたわけです。これは、第二章でふれた「黄金虫」の時代と「二銭銅貨」の時代では海賊が隠した宝物を見つけるというストーリーのリアリティが全く違う、ということと同じです。状況の変化に合わせて、過去の小説をアップデートしたのが、『女の決闘』であり、「二銭銅貨」であると言えるのです。

やはり、過去の小説を読んで、不十分だ、または時代に合わないなどと考えたところを書き換えるのは、新しい小説を生み出す上での重要な契機になることを『女の決闘』は教えてくれます。この章の実習の課題もそこに関わったものになります。

＊注1　青空文庫　太宰治「一歩前進二歩退却」https://www.aozora.gr.jp/cards/000035/files/1593_18101.html。この他、182頁で紹介している太宰治の小説も青空文庫で読むことができます。
＊注2　青空文庫　菊池寛「藤十郎の恋」https://www.aozora.gr.jp/cards/000083/files/47857_32607.html
＊注3　青空文庫　芥川龍之介「地獄変」https://www.aozora.gr.jp/cards/000879/files/60_15129.html

実習編

「女の決闘」
太宰治

あらためて、『女の決闘』をはじめから読み直してみると、「私（DAZAI）」は、「女の決闘」は「その描写の的確、心理の微妙、神への強烈な凝視、すべて、まさしく一流中の一流である」、と「第一」の後半（145頁）で述べています。これは少し言い過ぎな気がしますが、全く箸にも棒にもかからないようなダメな小説を書き換えたいとはなかなか思いにくいのではないでしょうか。実際「第二」の冒頭で「心理の微妙」（146頁、この場合の「微妙」は、なんともいえない味わいがあって趣き深い、という意味です）、「その下に書いた苗字を読める位に消してある」という一節について、「なかなか」「いいところ」として紹介しています。あえてこれを無粋に「くどくどと説明」するなら、既に精神的に夫婦の関係は捨てているという気持ちの現れであると同時に、しかし自分こそがあの男のただ一人の妻であったのだ、ということを「女学生」に対してアピールしている、というのが「女房」の心理だということでしょうか。

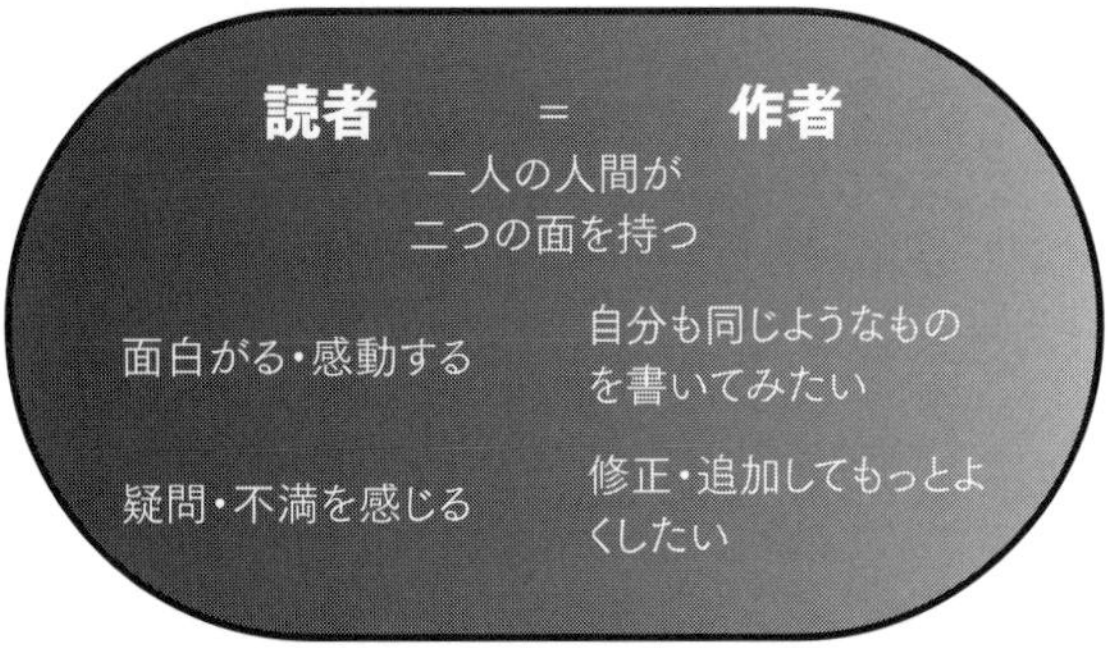

図6　作者は作者になる前にまず第一に読者である

こういう優れたところ、関心できる、感動できるところは活かしつつ、しかし不十分なところ、不満を感じるところは書き直すというのが、「私」の取り組んだことです。後者については、「第二」の続き（148頁）で指摘している「小説の描写」の「冷淡さ」「そっけなさ」こそが、それに当たるのでしょう。それをどのように書き直したのかは講義編で述べたので繰り返しませんが、強調したいのは読者として先行する小説を読んだ時に感じたことが、作者として新しい小説を生み出す出発点であり、原動力になるということです。小説に対しては誰もがまず読者として接するわけですが、感動し、かつ不満を抱き、その感情を冷静に分析することが、読者を作者へと変えるということです。〔図6〕

というわけで、この章の課題は次のとおりです。

課題

『女の決闘』の真似をして自分が気になっている小説を書きかえてみる。

『女の決闘』と同じように、短篇小説を一つ選び、自分が感心・感動した点、不十分な点・不満のある点をそれぞれ指摘した上で、なぜそうなっているのかを説明するような仮説(嘘)を考えます。そして、その仮説に基づいて「全く別の物語」を作ってください。形式としては、『女の決闘』と同じ形でもいいですし、それが苦手だという人はもっと普通の小説のように書いてもかまいません。選ぶ小説は短い方が取り組みやすいと思います。

この課題でいよいよ本格的に新しい小説を書いてもらいます。本書を今まで読んできた成果を見せてください。

第五章　連想で言葉を広げていく

テクスト

※⓪から㊱の数字は説明のために便宜的に追加したもので、本文に元々あったものではありません。

葉

太宰治

『鷭』一九三四年（昭和九年）四月

撰《えら》ばれてあることの
恍惚《こうこつ》と不安と
二つわれにあり

ヴェルレエヌ⓪

死のうと思っていた。ことしの正月、よそから着物を一反《いったん》もらった。お年玉としてである。着物の布地は麻であった。鼠色のこまかい縞目《しまめ》が織りこめられていた。これは夏に着る着物であろう。夏まで生きていようと思った。①

ノラもまた考えた。廊下へ出てうしろの扉をばたんとしめたときに考えた。帰ろうかしら。②

私がわるいことをしないで帰ったら、妻は笑顔をもって迎えた。③

その日その日を引きずられて暮しているだけであった。下宿屋で、たった独りして酒を飲み、独りで酔い、そうしてこそこそ蒲団《ふとん》を延べて寝る夜はことにつらかった。夢をさえ見なかった。疲れ切っていた。何をするにも物憂かった。「汲《く》み取り便所は如何《いか》に改善すべきか?」という書物を買って来て本気に研究したこともあった。彼はその当時、従来の人糞《じんぷん》の処置には可成《かなり》まいっていた。

新宿の歩道の上で、こぶしほどの石塊《いしころ》がのろのろ這《は》って歩いているのを見たのだ。石が這って歩いているな。ただそう思うていた。しかし、その石塊《いしころ》は彼のまえを歩いている薄汚い子供が、糸で結んで引《ひき》摺《ず》っているのだということが直ぐに判った。

子供に欺かれたのが淋しいのではない。そんな天変地異をも平気で受け入れ得た彼自身の自棄《やけ》が淋しかったのだ。④

そんなら自分は、一生涯こんな憂鬱と戦い、そうして死んで行くということに成るんだな、と思えばおのが身がいじらしくもあった。青い稲田が一時にぽっと霞《かす》んだ。泣いたのだ。彼は狼狽《うろた》えだした。こんな安価な殉情的な事柄に涕《なみだ》を流したのが少し恥かしかったのだ。

電車から降りるとき兄は笑うた。

「莫迦《ばか》にしょげてるな。おい、元気を出せよ」

そうして竜の小さな肩を扇子でポンと叩いた。夕闇のなかでその扇子が恐ろしいほど白っぽかった。竜は頬のあからむほど嬉しくなった。兄に肩をたたいて貰ったのが有難かったのだ。いつもせめて、これぐらいにでも打ち解けて呉《く》れるといいが、と果敢《はか》なくも願うのだった。

訪ねる人は不在であった。⑤

兄はこう言った。「小説を、くだらないとは思わぬ。おれには、ただ少しまだるっこいだけである。たった一行の真実を言いたいばかりに百頁の雰囲気をこしらえている」私は言い憎そうに、考え考えしながら答えた。「ほんとうに、言葉は短いほどよい。それだけで、信じさせることができるならば」

また兄は、自殺をいい気なものとして嫌った。けれども私は、自殺を処世術みたいな打算的なものとして考えていた矢先であったから、兄のこの言葉を意外に感じた。⑥

白状し給え。え？ 誰の真似なの？⑦

水到《みずいた》りて渠《きょ》成《な》る。⑧

彼は十九歳の冬、「哀蚊《あわれが》」という短篇を書いた。それは、よい作品であった。同時に、それは彼の生涯の渾沌《こんとん》を解くだいじな鍵《かぎ》となった。形式には、

「雛《ひな》」の影響が認められた。けれども心は、彼のものであった。原文のまま。

おかしな幽霊を見たことがございます。あれは、私が小学校にあがって間もなくのことでございますから、どうせ幻燈のようにとろんと霞んでいるに違いございませぬ。いいえ、でも、その青蚊帳《あおがや》に写した幻燈のような、ぼやけた思い出が奇妙にも私には年一年と愈々《いよいよ》はっきりして参るような気がするのでございます。

なんでも姉様がお婿をとって、あ、ちょうどその晩のことでございます。御祝言の晩のことでございました。芸者衆がたくさん私の家に来て居りまして、ひとりのお綺麗《きれい》な半玉さんに紋附の綻《ほころ》びを縫って貰ったりしましたのを覚えて居りますし、父様が離座《はなれ》敷の真暗な廊下で脊のお高い芸者衆とお相撲《すもう》をお取りになっていらっしゃったのもあの晩のことでございました。父様はその翌年お歿《な》くなりになられ、今では私の家の客間の壁の大きな御写真のなかに、おはいりになって居られるのでございますが、私はこの御写真を見るたびごとに、あの晩のお相撲のことを必ず思い出すのでございます。私の父様は、弱い人をいじめるようなことは決してなさらないお方でございましたから、あのお相撲も、きっと芸者衆が何かひどくいけないことをなしたので父様はそれをお懲《こら》しめになっていらっしゃったのでございましょう。

それやこれやと思い合せて見ますと、確かにあれは御祝言の晩に違いございませぬ。ほんとうに申訳がございませぬけれど、なにもかも、まるで、青蚊帳の幻燈のような、そのような有様でございますから、どうで御満足の行かれますようお話ができかねるのでございます。てもなく夢物語、いいえ、でも、あの晩に哀蚊の話を聞かせて下さったときの婆様の御めめと、それから、幽霊、とだけは、あれだけは、どなたがなんと仰言《おっしゃ》ったとて決して決して夢ではございませぬ。夢だなぞとおろかなこと、もうこれ、こんなにまざまざ眼先に浮んで参ったではございませんか。あの婆様の御めめと、それから。

さようでございます。私の婆様ほどお美しい婆様もそんなにあるものではございませぬ。昨年の夏お歿くなりになられましたけれど、その御死顔と言ったら、すごいほど美しいとはあれでございましょう。

白蝋《はくろう》の御両頬には、あの夏木立の影も映らむばかりでございました。そんなにお美しくていらっしゃるのに、縁遠くて、一生鉄漿《かね》をお附けせずにお暮しなさったのでございます。

「わしという万年白歯を餌にして、この百万の身代ができたのじゃぞえ」

富本でこなれた渋い声で御生前よくこう言い言いして居られましたから、いずれこれには面白い因縁でもあるのでございましょう。どんな因縁なのだろうなどと野暮なお探りはお止《よ》しなさいませ。婆様がお泣きなさるでございましょう。と申しますのは、私の婆様は、それはそれは粋《いき》なお方で、ついに一度も縮緬《ちりめん》の縫紋の御羽織をお離しになったことがございませんでした。お師匠をお部屋へお呼びなされて富本のお稽古《けいこ》をお始めになられたのも、よほど昔からのことでございましたでしょう。私なぞも物心地が附いてからは、日がな一日、婆様の老松《おいまつ》やら浅間《あさま》やらの咽《むせ》び泣くような哀調のなかにうっとりしているときがままございました程で、世間様から隠居芸者とはやされ、婆様御自身もそれをお耳にしては美しくお笑いになって居られたようでございました。

いかなることとか、私は幼いときからこの婆様が大好きで、乳母から離れるとすぐ婆様の御懐に飛び込んでしまったのでございます。もっとも私の母様は御病身でございました故、子供には余り構うて呉れなかったのでございます。父様も母様も婆様のほんとうの御子ではございませぬから、婆様はあまり母様のほうへお遊びに参りませず四六時中、離座敷のお部屋にばかりいらっしゃいますので、私も婆様のお傍《そば》にくっついて三日も四日も母様のお顔を見ないことは珍らしゅうございませんでした。それゆえ婆様も、私の姉様なぞよりずっと私のほうを可愛がって下さいまして、毎晩のように草双紙《くさぞうし》を読んで聞かせて下さったのでございます。なかにも、あれあの八百屋お七の物語を聞いたときの感激は私は今でもしみじみ味うことができるのでございます。そしてまた、婆様がおたわむれに私を「吉三《きちざ》」「吉三」とお呼びになって下さった折のその嬉しさ。らんぷの黄色い燈火《ともしび》の下でしょんぼり草双紙をお読みになっていらっしゃる婆様のお美しい御姿、左様、私はことごとくよく覚えているのでございます。

とりわけあの晩の哀蚊の御寝物語《ねものがたり》は、不思議と私には忘れることができないのでございます。そう言えばあれは確かに秋でございました。

「秋まで生き残されている蚊を哀蚊と言うのじゃ。蚊燻《かいぶ》しは焚《た》かぬもの。不憫《ふびん》の故にな」

ああ、一言一句そのまんま私は記憶して居ります。婆様は寝ながら滅入《めい》るような口調でそう語られ、そうそう、婆様は私を抱いてお寝になられるときには、きまって私の両足を婆様のお脚のあいだに挟んで、温めて下さったものでございます。或る寒い晩なぞ、婆様は私の寝巻をみんなお剥《は》ぎとりになっておしまいになり、婆様御自身も輝くほどお綺麗な御素肌をおむきだし下さって、私を抱いてお寝になりお温めなされてくれたこともございました。それほど婆様は私を大切にしていらっしゃったのでございます。

「なんの。哀蚊はわしじゃがな。はかない……」

仰言りながら私の顔をつくづくと見まもりましたけれど、あんなにお美しい御めめもないものでございます。母屋《おもや》の御祝言の騒ぎも、もうひっそり静かになっていたようでございましたし、なんでも真夜中ちかくでございましたでしょう。秋風がさらさらと雨戸を撫《な》でて、軒の風鈴がその度毎に弱弱しく鳴って居りましたのも幽《かす》かに思いだすことができるのでございます。ええ、幽霊を見たのはその夜のことでございます。ふっと眼をさましまして、おしっこ、と私は申しましたのでございます。婆様の御返事がございませんでしたので、寝ぼけながらあたりを見廻しましたけれど、婆様はいらっしゃらなかったのでございます。心細く感じながらも、ひとりでそっと床から脱け出しまして、てらてら黒光りのする欅《けやき》普請の長い廊下をこわごわお厠《かわや》のほうへ、足の裏だけは、いやに冷や冷やして居りましたけれど、なにさま眠くって、まるで深い霧のなかをゆらりゆらり泳いでいるような気持ち、そのときです。幽霊を見たのでございます。長い長い廊下の片隅に、白くしょんぼり蹲《うず》くまって、かなり遠くから見たのでございますから、ふいるむのように小さく、けれども確かに、確かに、姉様と今晩の御婿様とがお寝になって居られるお部屋を覗《のぞ》いているのでございます。幽霊、いいえ、夢ではございませぬ。⑨

芸術の美は所詮《しょせん》、市民への奉仕の美である。⑩

花きちがいの大工がいる。邪魔だ。⑪

それから、まち子は眼を伏せてこんなことを囁《ささや》いた。

「あの花の名を知っている？　指をふれればぱちんとわれて、きたない汁をはじきだし、みるみる指を腐らせる、あの花の名が判ったらねえ」

僕はせせら笑い、ズボンのポケットへ両手をつっ込んでから答えた。

「こんな樹の名を知っている？　その葉は散るまで青いのだ。葉の裏だけがじりじり枯れて虫に食われているのだが、それをこっそりかくして置いて、散るまで青いふりをする。あの樹の名さえ判ったらねえ」⑫

「死ぬ？　死ぬのか君は？」

ほんとうに死ぬかも知れないと小早川は思った。去年の秋だったかしら、なんでも青井の家に小作争議が起ったりしていろいろのごたごたが青井の一身上に振りかかったらしいけれど、そのときも彼は薬品の自殺を企て三日も昏睡《こんすい》し続けたことさえあったのだ。またついせんだっても、僕がこんなに放蕩《ほうとう》を堪え得るからであろう。やめないのもつまりは僕の身体がまだ放蕩に堪え得るからであろう。去勢されたような男にでもなれば

僕は始めて一切の感覚的快楽をさけて、闘争への財政的扶助に専心できるのだ、と考えて、三日ばかり続けてP市の病院に通い、その伝染病舎の傍の泥溝《どぶ》の水を掬《すく》って飲んだものだそうだ。けれどもちょっと下痢をしただけで失敗さ、とそのことを後で青井が頬あからめて話すのを聞き、小早川は、そのインテリ臭い遊戯をこのうえなく不愉快に感じたが、しかし、それほどまでに思いつめた青井の心が、少からず彼の胸を打ったのも事実であった。

「死ねば一番いいのだ。いや、僕だけじゃない。少くとも社会の進歩にマイナスの働きをなしている奴等は全部、死ねばいいのだ。それとも君、マイナスの者でもなんでも人はすべて死んではならぬという科学的な何か理由があるのかね」

「ば、ばかな」

小早川には青井の言うことが急にばからしくなって来た。

「笑ってはいけない。だって君、そうじゃないか。

祖先を祭るために生きていなければならないとか、人類の文化を完成させなければならないとか、そんなたいへんな倫理的な義務としてしか僕たちは今まで教えられていないのだ。なんの科学的な説明も与えられていないのだ。そんなら僕たちマイナスの人間は皆、死んだほうがいいのだ。死ぬとゼロだよ」

「馬鹿！　何を言っていやがる。どだい、君、虫が好すぎるぞ。それは成る程、君も僕もぜんぜん生産にあずかっていない人間だ。それだからとて、決してマイナスの生活はしていないと思うのだ。君はいったい、無産階級の解放を望んでいるのか。無産階級の大勝利を信じているのか。程度の差はあるけれども、僕たちはブルジョアジイに寄生している。それは確かだ。だがそれはブルジョアジイを支持しているのとはぜんぜん意味が違うのだ。一のプロレタリアアトへの貢献と、九のブルジョアジイへの貢献と君は言ったが、何を指してブルジョアジイへの貢献と言うのだろう。わざわざ資本家の懐を肥してやる点では、僕たちだってプロレタリアアトだって同じことなんだ。資本主義的経済社会に住んでいることが裏切りなら、闘士にはどんな仙人が成るのだ。そんな言葉こそウルトラというものだ。小児病《キンデルクランクハイト》というものだ。一のプロレタリアアトへの貢献、それで沢山。その一が尊いのだ。その一だけの為に僕たちは頑張って生きていなければならないのだ。そうしてそれが立派にプラスの生活だ。死ぬなんて馬鹿だ。死ぬなんて馬鹿だ」⑬

生れてはじめて算術の教科書を手にした。小型の、まっくろい表紙。ああ、なかの数字の羅列《られつ》がどんなに美しく眼にしみたことか。少年は、しばらくそれをいじくっていたが、やがて、巻末のペエジにすべての解答が記されているのを発見した。少年は眉をひそめて呟《つぶや》いたのである。「無礼だなあ」⑭

外はみぞれ、何を笑うやレニン像。⑮

叔母の言う。
「お前はきりょうがわるいから、愛嬌《あいきょう》だけでもよくなさい。お前はからだが弱いから、心だけでもよくなさい。お前は嘘《うそ》がうまいから、行いだけでもよくなさい」⑯

知っていながらその告白を強いる。なんというい
んけんな刑罰であろう。⑰

満月の宵。光っては崩れ、うねっては崩れ、逆巻《さかま》き、のた打つ浪のなかで互いに離れまいとつないだ手を苦しまぎれに俺が故意《わざ》と振り切ったとき女は忽《たちま》ち浪に呑まれて、たかく名を呼んだ。俺の名ではなかった。⑱

われは山賊。うぬが誇《ほこり》をかすめとらむ。⑲

「よもやそんなことはあるまい、あるまいけれど、な、わしの銅像をたてるとき、右の足を半歩だけ前へだし、ゆったりとそりみにして、左の手はチョッキの中へ、右の手は書き損じの原稿をにぎりつぶし、そうして首をつけぬこと。いやいや、なんの意味もない。雀の糞を鼻のあたまに浴びるなど、わしはいやなのだ。そうして台石には、こう刻んでおくれ。ここに男がいる。生れて、死んだ。一生を、書き損じの原稿を破ることに使った」⑳

メフィストフェレスは雪のように降りしきる薔薇《ばら》の花弁に胸を頬を掌を焼きこがされて往生したと書かれてある。㉑

留置場で五六日を過して、或る日の真昼、俺はその留置場の窓から脊のびして外を覗くと、中庭は小春の日ざしを一杯に受けて、窓ちかくの三本の梨の木はいずれもほつほつと花をひらき、そのしたで巡査が二三十人して教練をやらされていた。わかい巡査部長の号令に従って、皆はいっせいに腰から捕縄を出したり、呼笛を吹きならしたりするのであった。俺はその風景を眺め、巡査ひとりひとりの家について考えた。㉒

私たちは山の温泉場であてのない祝言をした。母はしじゅうくつくつと笑っていた。宿の女中の髪のかたちが奇妙であるから笑うのだと母は弁明した。嬉しかったのであろう。無学の母は、私たちを炉ばたに呼びよせ、教訓した。お前は十六魂《たまし》だから、と言いかけて、自信を失ったのであろう、もっと無学

の花嫁の顔を覗き、のう、そうでせんか、と同意を求めた。母の言葉は、あたっていたのに。㉓

妻の教育に、まる三年を費やした。教育、成ったころより、彼は死のうと思いはじめた。㉔

病む妻や　とどこおる雲　鬼すすき。㉕

赤え赤え煙こあ、もくらもくらと蛇体《じゃたい》みたいに天さのぼっての、ふくれた、ゆららと流れた、のっそらと大浪うった、ぐるっぐるっと渦まえた、間もなくし、火の手あ、ののののと荒けなくなり、地ひびきたてたて山ばのぼり始めたずおん。山あ、てっぺらまで、まんどろに明るくなったずおん。どうどうと燃えあがる千本万本の冬木立ば縫い、人を乗せたまっくろい馬こあ、風みたいに馳《は》せていたずおん。（ふるさとの言葉で）㉖

たった一言知らせて呉れ！“Nevermore”㉗

空の蒼《あお》く晴れた日ならば、ねこはどこからかやって来て、庭の山茶花《さざんか》のしたで居眠りしている。洋画をかいている友人は、ペルシャでないか、と私に聞いた。私は、すてねこだろう、と答えて置いた。ねこは誰にもなつかなかった。ある日、私が朝食の鰯《いわし》を焼いていたら、庭のねこがものうげに泣いた。私も縁側へでて、にゃあ、と言った。ねこは起きあがり、静かに私のほうへ歩いて来た。私は鰯を一尾なげてやった。ねこは逃げ腰をつかいながらもたべたのだ。私の胸は浪うった。わが恋は容《い》れられたり。ねこの白い毛を撫でたく思い、庭へおりた。脊中の毛にふれるや、ねこは、私の小指の腹を骨までかりりと噛《か》み裂いた。㉘

役者になりたい。㉙

むかしの日本橋は、長さが三十七間四尺五寸あったのであるが、いまは廿七間しかない。それだけ川幅がせまくなったものと思わねばいけない。このように昔は、川と言わず人間と言わず、いまよりはるかに大きかったのである。

この橋は、おおむかしの慶長七年に始めて架けられて、そののち十たびばかり作り変えられ、今のは明治四十四年に落成したものである。大正十二年の震災のときは、橋のらんかんに飾られてある青銅の竜の翼が、焔《ほのお》に包まれてまっかに焼けた。

私の幼時に愛した木版の東海道五十三次道中双六《すごろく》では、ここが振りだしになっていて、幾人ものやっこのそれぞれ長い槍を持ってこの橋のうえを歩いている画が、のどかにかかれてあった。もとはこんなぐあいに繁華であったのであろうが、いまは、たいへんさびれてしまった。魚河岸《うおがし》が築地《つきじ》へうつってからは、いっそう名前もすたれて、げんざいは、たいていの東京名所絵葉書から取除かれている。

ことし、十二月下旬の或る霧のふかい夜に、この橋のたもとで異人の女の子がたくさんの乞食《こじき》の群からひとり離れて佇《たたず》んでいた。花を売っていたのは此の女の子である。

三日ほどまえから、黄昏《たそがれ》どきになると一束の花を持ってここへ電車でやって来て、東京市の丸い紋章にじゃれついている青銅の唐獅子《からじし》の下で、三四時間ぐらい黙って立っているのである。

日本のひとは、おちぶれた異人を見ると、きっと白系の露西亜《ロシヤ》人にきめてしまう憎い習性を持っている。いま、この濃霧のなかで手袋のやぶれを気にしながら花束を持って立っている小さい子供を見ても、おおかたの日本のひとは、ああロシヤがいる、と楽な気持で呟くにちがいない。しかも、チエホフを読んだことのある青年ならば、父は退職の陸軍二等大尉、母は傲慢《ごうまん》な貴族、とうっとりと独断しながら、すこし歩をゆるめるであろう。また、ドストエーフスキイを覗きはじめた学生ならば、おや、ネルリ！と声を出して叫んで、あわてて外套《がいとう》の襟《えり》を掻《か》きたてるかも知れない。けれども、それだけのことであって、そのうえ女の子に就いてのふかい探索をして見ようとは思わない。

しかし、誰かひとりが考える。なぜ、日本橋をえらぶのか。こんな、人通りのすくないほの暗い橋のうえで、花を売ろうなどというのは、よくないことなのに、——なぜ？

その不審には、簡単ではあるが頗《すこぶ》るロマンチックな解答を与え得るのである。それは、彼女の親たちの日本橋に対する幻影に由来している。ニホンでいちばんにぎやかな良い橋はニホンバシにちがいない、という彼等のおだやかな判断に他ならぬ。

女の子の日本橋でのあきないは非常に少なかった。第一日目には、赤い花が一本売れた。お客は踊子《おどりこ》である。踊子は、ゆるく開きかけている赤い蕾《つぼみ》を選んだ。

「咲くだろうね」

と、乱暴な聞きかたをした。

女の子は、はっきり答えた。

「咲キマス」

二日目には、酔いどれの若い紳士が、一本買った。このお客は酔っていながら、うれい顔をしていた。

「どれでもいい」

女の子は、きのうの売れのこりのその花束から、白い蕾をえらんでやったのである。紳士は盗むように、こっそり受け取った。

あきないはそれだけであった。三日目は、即ちきょうである。つめたい霧のなかに永いこと立ちつづけていたが、誰もふりむいて呉れなかった。

橋のむこう側にいる男の乞食が、松葉杖つきながら、電車みちをこえてこっちへ来た。女の子に縄張りのことで言いがかりをつけたのだった。女の子は三度もお辞儀をした。松葉杖の乞食は、まっくろい口髭《くちひげ》を噛みしめながら思案したのである。

「きょう切りだぞ」

とひくく言って、また霧のなかへ吸いこまれていった。

女の子は、間もなく帰り仕度をはじめた。花束をゆすぶって見た。花屋から屑花《くずはな》を払いさげてもらって、こうして売りに出てから、もう三日も経っているのであるから花はいい加減にしおれていた。重そうにうなだれた花が、ゆすぶられる度毎に、みんなあたまを顫《ふる》わせた。

それをそっと小わきにかかえ、ちかくの支那蕎麦《しなそば》の屋台へ、寒そうに肩をすぼめながらはいって行った。

三晩つづけてここで雲呑《ワンタン》を食べるのである。そこのあるじは、支那のひとであって、女の子を一人並の客として取扱った。彼女にはそれが嬉しかったのである。

あるじは、雲呑《ワンタン》の皮を巻きながら尋ねた。

「売レマシタカ」

眼をまるくして答えた。

「イイエ。……カエリマス」

この言葉が、あるじの胸を打った。帰国するのだ。きっとそうだ、と美しく禿《は》げた頭を二三度かるく振った。自分のふるさとを思いつつ釜から雲呑の実を掬っていた。

「コレ、チガイマス」

あるじから受け取った雲呑の黄色い鉢を覗いて、女の子が当惑そうに呟いた。

「カマイマセン。チャシュウワンタン。ワタシノゴチソウデス」

あるじは固くなって言った。

雲呑は十銭であるが、叉焼雲呑《チャシュウワンタン》は二十銭なのである。

女の子は暫《しばら》くもじもじしていたが、やがて、雲呑の小鉢を下へ置き、肘《ひじ》のなかの花束からおおきい蕾のついた草花を一本引き抜いて、差しだした。くれてやるというのである。

彼女がその屋台を出て、電車の停留場へ行く途中、しなびかかった悪い花を三人のひとに手渡したことをちくちく後悔しだした。突然、道ばたにしゃがみ込んだ。胸に十字を切って、わけの判らぬ言葉でもって
烈《はげ》しいお祈りをはじめたのである。

おしまいに日本語を二言囁いた。

「咲クヨウニ。咲クヨウニ」㉚
安楽なくらしをしているときは、絶望の詩を作り、ひしがれたくらしをしているときは、生のよろこびを書きつづる。㉛
春ちかきや？㉜
どうせ死ぬのだ。ねむるようなよいロマンスを一篇だけ書いてみたい。男がそう祈願しはじめたのは、彼の生涯のうちでおそらくは一番うっとうしい時期に於いてであった。男は、あれこれと思いをめぐらし、ついにギリシャの女詩人、サフォに黄金の矢を放った。あわれ、そのかぐわしき才色を今に語り継がれているサフォこそ、この男のもやもやした胸をときめかす唯一の女性であったのである。

男は、サフォに就いての一二冊の書物をひらき、つぎのようなことがらを知らされた。

けれどもサフォは美人でなかった。色が黒く歯が出ていた。ファオンと呼ぶ美しい青年に死ぬほど惚《ほ》れた。ファオンには詩が判らなかった。恋の身投《みなげ》をするならば、よし死にきれずとも、そのこがれた胸のおもいが消えうせるという迷信を信じ、リュウカディアの岬から怒濤《どとう》めがけて身をおどらせた。㉝

生活。㉞

よい仕事をしたあとで
一杯のお茶をすする
お茶のあぶくに
きれいな私の顔が
いくつもいくつも
うつっているのさ㉟

どうにか、なる。㊱

講義編

太宰治「葉」

〈空所〉だらけの小説

ここまでの四つの章で、読むことと書くことについてテクストを題材にした実習を通して考えてきましたが、実践してきたことを一言で表すなら、読むことの創造性となるでしょう。私たち読者が読む時には書かれていないこと、〈空所〉を様々に想像・創造しながら読む。また新しい小説を生み出す時にも、まず読者として既に書かれてある小説を創造的に読む、そしてその読みに基づいて作者として書き換えるという作業が必要でした。能動的・積極的に読むことの重要性は理解してもらえたのではないかと思いますが、最後のダメ押しとして、少し手強いテクストを読んで考えてもらいます。

というわけで、第四章に続いて太宰治の小説を用意しました。読んでどう思ったでしょうか。もしかすると、え、これが小説なの？　と思った人もいたかもしれません。小説と言えば、全編にわたって登場する人物（「人間」であるとは限りませんが）がいて、一貫したストーリーのあるものと考えている人からすると、この「葉」が小説であると言われてもすぐにはうなずけないかもしれません。「葉」はフランス象徴派の詩人であるヴェルレエヌの詩がエピグラフとして引用された後、一行開きで分けられた三十六の言葉の断片が並べられています。三十六の断片は、「水到りて渠成る。」⑧や「春ちかきや？」㉜や「生活。」㉞のような数文字しかないものや、「外はみぞれ、何を笑うやレニン像。」⑮や「病む妻や　とどこおる雲　鬼すすき。」㉕の俳句といった短いものから、⑨や㉚のようなそれ自体が独立した掌篇小説になっている長いものまで多様です。

冒頭の断片①から見ていくと、誰ともわからない語り手が死のうと思っていたが、夏の着物をもらったのでしばらく思いとどまる、と語っています。続く②ではノルウェーの作家イプセンの戯曲「人形の家」（一八七九年）[*注1]の主人公ノラが、愛する家族を捨てる決断をした作品の結末の後で一瞬迷う、という場面が描かれています。③は妻のいる「彼」という（おそらく）男が帰宅する場面、④も「彼」が登場しますが、下宿屋で一人暮らしをしていて結婚はしていなさそうです。⑤の「彼」には「竜」という名前があり、また優しい兄がいますが、⑥の「私」の兄はずいぶん厳格そうです。その後の⑦や⑧では、誰が発したともわからない問いかけや、故事成語のような言葉が続きます。⑩には再び「彼」が登場して、芥川龍之介「雛」に影響を受けているという小説が引用されます。

②のノラはさておき、他の男性である登場人物「私」「彼」は全て同一人物だと考えることはできないわけではありません。⑩で引用されている「哀蚊」は実際に太宰治が弘前高校の生徒だった頃（一九二九年）に発表したものですから、ここに出てくる「彼」とは彼自身のことを指すものと考えることもできるでしょう（その他にもかつて発表した小説から抜粋した断片が含まれているのがわかっています）。[*注2] 各断片に登場する人物たちを全て太宰治の分身ととらえる見方も可能ではあります。その見方がおもしろいのかどうかは別の話ですが。

読者に問いを投げかける小説

ただ、わざわざ全体にかかわる登場人物や一貫したストーリーを見つける必要はあるのでしょうか。登場人物もストーリーも一貫していない、でも全体を通して読んでみると、言葉を追っていってみるとおもしろい、そんな小説があってもいいのではないでしょうか。ストーリーがわかりやすくて、登場人物の行動を追っていけばすらすらと最後まで読めてしまう、そういうものだけが小説ではない、という考え方もできるのです。

本書で繰り返し述べてきたように、読むということは書かれてない〈空所〉を想像で埋める作業を伴います。「葉」はいわば〈空所〉だらけですが、だからこそ書かれていないことを想像する余地がとても大きい、読者に想像・創造を求めるテクストだと考えることができます。

「葉」は太宰治達が作っていた同人誌『鷭』に掲載された後、彼の最初の短編集『晩年』（一九三六年）[注3]の冒頭に収録されています。この「葉」を本の一番最初に置くというのは、かなり意欲的かつ挑発的なことだと考えられます。読むというのは能動的で積極的だということを本章の冒頭で述べましたが、ただ漫然と登場人物の行動を追ってストーリーの流れに従うというような読み方は、そこでは許されません。実際、『晩年』に収録されている小説の多くは、読者の積極的な読みを求める実験的な小説が多いのです。前の章で取り上げた「女の決闘」について、小説を読むことを通して小説を書くことを学ばせる小説という説明をしましたが、「葉」を含めた『晩年』収録の小説の多くは、読み手を試し、鍛え、教育しようとしているのです。「葉」は、読者に、これが小説なのか、という疑問を持たせると同時に、これが小説ではないというなら、それはどういう理由なのか？　では、あなたの考える「小説」とはどういうものなのか？　という問いを読み手に投げ返しているわけです。

「葉」というタイトルから読み取れること

さて、あらためて「葉」について考える入口として、なぜこの小説には「葉」というタイトルが付いているのかを考えてみましょう。これは、実際に大学の実習で最初に学生に考えてもらうことの一つです。みなさんも少し考えてみてください。

実習ではその他にも、「葉」の全体を読んでどういう印象を受けたか、ということと、エピグラフも含めて三十七ある断片のうち印象に残ったものはどれだったか、またその理由は何か、ということを聞いています。一つ一つの断片がそれぞれ印象に残ったものとして挙がるのですが、全体の印象としては「死のうと思っていた」という始まりや、入水しているらしい⑱など、自殺を連想するものが多いのが太宰治らしいという感想があったり、逆に終盤のいくつかの断片、たとえば㉟や㊱は希望が見えて好きだとか、㉚の花売り少女の話がほっこりしていいというような感想があったりします。自殺と少女（または若い女性）というのは、太宰治の後年まで続く大きなモチーフなので、なかなかいいところに目を付けていると言えますが、ただ「葉」を書いた時には太宰治にはまだ入水自殺の経験は無く、同じ『晩年』に収められた「道化の華」や、代表作の一つ「人間失格」に出てくる鎌倉の海での入水は虚構です。実際は鎌倉の海岸近くの神社の境内で睡眠薬を飲んで心中未遂（一緒の女性は亡くなってしまいましたが）をしたので、デビューしてまもなくから一見自分自身の体験に基づいたように読める私小説のパロディを書いていたわけです。パロディではなく、普通の私小説と受け取られがちなのは、最後に辻褄を合わせるかのように本当に入水心中で亡くなってしまったのも影響しているのでしょう。

話を戻して、「葉」というタイトルの理由ですが、どういうことを考えましたか。実習であった答えを紹介しましょう。

- たくさんの葉が集まって木になるように、断片が集まって一つの作品を使っているイメージ。
- 「言の葉」という言い方があるように、葉すなわち言葉というイメージ。

・エピグラフ⓪で「恍惚と不安」の二つが提示され、また葉の裏表の話⑫が出てくるように、ものごとには必ず両面（二面性）があるというイメージ。
・華やかな花ではなく、地味な葉をモチーフにしているというイメージ。
・若葉・紅葉・落葉・枯葉のように時間が過ぎて死へと向かうイメージ。

毎年のように出る答えもありますし、一人の学生からしか出ない答えもあるのですが、さらに学生はなかなか気づいてくれないものとして次のようなことも考えられます。

・紙の数え方である「葉」（一葉・二葉……）に基づいて、いろいろな言葉を書き留めた紙がいっぱい積み重なっているイメージ。

これは、後に太宰治が発表する「懶惰《らんだ》の歌留多《かるた》」（一九三九年）という「いろは歌留多」のように「い」「ろ」「は」で始まる短文（「生くることにも心せき、感ずることも急がるる。」「牢屋は暗い。」「母よ、子のために怒れ。」など）を順番に並べ、それぞれに関連するストーリーや短文についての解説をつけていく形式の小説を連想させます（この小説はたとえば新潮文庫『新樹の言葉』に収録されていますし、青空文庫でも読めます[*注4]）。『晩年』の中でも、「ロマネスク」（一九三四年）、「逆行」（一九三五年）、「陰火」（一九三六年）のように、複数の独立した掌篇を集めて一つの短篇にしているものがいくつかありますし、その後も一見無関係な文章を集めて一つの小説にするという方法を繰り返し用いています。

先程「葉」は『晩年』という短編集の入り口に置かれて、読み手を試し、鍛える小説である、と述べましたが、太宰治は読み手を読み巧者、自分にとって理想的な読者に教育しようとするところがあります。わかりやすいストーリーに従っていれば結末まで読み通すことができる小説だけでなく、断片的でまとまりがなく読者が集中しなければ読み取るのが難しい小説も書いています。もちろん「葉」もその一つです。あいにく『晩年』よりもよく読まれている敗戦後に書かれた代表作といわれる小説では、そういう教育性はなりをひそめてしまっているので、あまり知られてはいないのですが。

ですから、実はばらばらのように見える断片にも、用いられている言葉を丁寧に見ていけばつながりを見出すことはできるのです。共通する登場人物もなく、一貫したストーリーはなくても、言葉という小説において欠くことのできない、最も重要な要素に注目することで、つながりのある言葉、小説として読むことができるのです。

＊注1　青空文庫　ヘンリック・イブセン「人形の家」（島村抱月訳）https://www.aozora.gr.jp/cards/001028/files/4797_31829.html。

＊注2　詳しくは『太宰治全集』第二巻（筑摩書房、一九九八年）の「解題」（関井光男）を参照してください。

＊注3　『晩年』は新潮文庫で当初の編集のままで読めます。また、それぞれの収録作は青空文庫でも読めます。

＊注4　青空文庫　太宰治「懶惰の歌留多」https://www.aozora.gr.jp/cards/000035/files/279_15089.html。この後でタイトルのあがっている小説も青空文庫で読めます。

実習編

実際に「葉」の断片はどのようにつながっているのでしょうか。

エピグラフのヴェルレーヌの言葉は、講義編で述べたように一つのものが持つ二つの側面というテーマを提示しているものと考えることができますが、ではそれはどのような二面性なのでしょうか。

そのために、一つ一つ三十六個の断片をその前後と比べながら読んでみてください。共通する言葉の重なりやつながりによって、全てがつながっているのがわかると思います。

たとえば、①の最後は「思った。」で終わっていますが、②の冒頭は「ノラもまた考えた。」で始まっています。何が「また」なのか②だけではわかりませんが、これは①の「思った。」を受けての「また」だと考えることもできます。これはかなりわかりやすいつながり方で、「葉」はどのように読めばいいのか、そのヒントを与えてくれているのではないでしょうか。

②の「帰ろうかしら。」は③の「帰ったら、」に、③の「わるいこと」は④の「引きずられて暮している」に、④の「物憂かった。」は⑤の「憂鬱」につながっています。この書き方では長くなるので、もっと単純な書き方で並べてみましょう。テクストと読み比べるのは少しめんどうかもしれませんが、手間をかけてこそこれまでと違う読み方ができるのです。

⑤「兄」
↓
⑥「兄」／「真実を言いたい」
↓
⑦「白状」／「真似」
↓
⑧「水到りて渠成る」（水の流れた所をなぞって溝ができる）／「水」
↓
⑨「渾沌」（さんずいの漢字）／「お美しい婆様」
↓
⑩「芸術の美」
↓
⑪「花」（美しいもの）
↓
⑫「花」／「散る」「枯れて」「虫」
↓
⑬「死ぬ」「虫」／「マイナス」「ゼロ」「一」「九」（数字）
↓
⑭「算術」／「眉をひそめて」
↕
⑮「笑う」
↓
⑯「愛嬌」／「嘘」

↕⑰「告白」

↓⑱「たかく名を呼んだ。俺の名ではなかった。」／「浪に呑まれて」（見失う）

↓⑲「誇をかすめとらむ。」（失わせる）／「誇り」

↓⑳「銅像」（成功の象徴）／「死んだ。」

↓㉑「往生した」・「薔薇の花弁」

↓㉒「花をひらき、」／「巡査ひとりひとりの家」（家庭）

↓㉓「祝言」（夫婦）／「花嫁」

↓㉔「妻」

↓㉕「妻」／「雲」

↓㉖「煙こあ、もくらもくらと蛇体みたいに天さのぼっての、ふくれた、ゆららと流れた」／「ふるさとの言葉で。」

↓㉗「一言」

↓㉘「一尾」／「脊中の毛にふれるや、ねこは、私の小指の腹を骨までかりりと噛み裂いた。」（馴れたふりをする）

↓㉙「役者」

↓㉚「チエホフ」（戯曲）／「花」「咲クヨウニ。咲クヨウニ」

↓㉛「生のよろこび」

↓㉜「春」（春眠）
↓㉝「ねむるような」／「どうせ死ぬのだ」「怒濤めがけて身をおどらせた。」
↕㉞「生活。」
↓㉟「よい仕事」／「きれいな私の顔がいくつもいくつもうつっているのさ」
↓㊱「どうにか、なる。」

隣り合う言葉の断片について、意味の近い、連想を呼ぶ言葉が並んでいるものもあれば、逆に対照的な言葉が並んでいるものもあります。このような前後に続く断片以外にも、より強い言葉のつながりも隠れています。本当は、言葉として目の前にあるので隠れている、という言い方はおかしいのですが、個々の断片が短いなりに持っているストーリーのようなものに惑わされずに書かれてある言葉の細部に注目することが必要です。

そこで、この章での課題は次のようになります。

課題

次のキーワードやそこから連想する言葉が使われている断片を見つけて、キーワードごとにそれらの断片を結びつけてどんなイメージが浮かび上がるか、考えてみてください。考えるだけではなくて、書き留めてまとめた方がイメージが明確になりやすいと思います。

・死　・花　・演技　・告白

一つ注意しておくと、たとえば「死」というのは直接「死」という言葉が出てくるだけではなく、たとえば先程断片全体のつながりを説明した時に挙げたように、「散る」「枯れて」というような言葉も含みます。他にも㉘で猫が馴れたふりをして餌をもらう、というのも「演技」と言っていいでしょう。

「死」と「花」とはイメージとして暗い・明るい、地味・華やかというように相反するものであり、また時間の経過によって移行可能なものとしても関連しています。また、「演技」と「告白」とは、エピグラフから導かれるこの小説の二つの面、くだけた言い方をするならタテマエとホンネとも関連します。さらに言えば、前の章から話題に挙がっている私小説の問題とも関連するのですが、ここではこれ以上は踏みこまないことにします。

なお、これらのつながり、読み取れるイメージがどこまで太宰治が計算したものなのかはわかりませんし、考える必要もないというのが、繰り返しになりますが本書の立場です。小説には、小説家の意図通りに読まなくてはならない、というルールはないのですから。

書いたものが、書いた人間の意図通りに読まれるとは限らない、ということを実感してもらうために、実習では最後にクラスの全員が持ち寄った言葉を集めて新しい「葉」を作る、ということもしています。

長短様々な言葉の断片を十人くらいが一人三つずつ持ち寄るとほぼ太宰治「葉」と同じくらいの長さになります。それをバラバラに並べかえて、誰が用意した断片かはわからないようにしてプリントにして配る訳です。それを全員で読むのはなかなかおもしろいようです。

この本の読者のみなさんで、一人で読んでいる人の場合は、同じことをするのは難しいかもしれませんが、書くことや読むことに関心がある人が集まる機会があったら、ゲーム的にでもいいので試してみることをおすすめします。

さて、これらの「葉」についての課題が本書の最後の課題です。これまでの章の課題を進めてきて、最後は実際に小説を書くことを求められるだろう、と思っていた人にとっては肩すかしだったかもしれませんが、本書はあくまでも小説をよりよく読む、またよりよく書くための糸口を付けることを目指したものなので、新しい小説を実際に書くことそれ自体は範囲外となります。それよりも、本書で学んできたことの再確認として、書くことよりも読むことをテーマとした課題を最後としました。

本書を読み終えて、いくらか小説を読むことや書くことが身近なものと感じられるようになったでしょうか。みなさんが、小説に対して本書を読む前と違う接し方ができるようになっていたらいいのですが。

小説本文の出典

青空文庫　http://www.aozora.gr.jp/

江戸川乱歩「二銭銅貨」
http://www.aozora.gr.jp/cards/001779/files/56647_58167.html
底本：「江戸川乱歩全集　第1巻　屋根裏の散歩者」光文社文庫、光文社
　２００４（平成16）年7月20日初版1刷発行
底本の親本：「江戸川乱歩全集　第一巻」平凡社
　１９３１（昭和６）年６月
初出：「新青年」博文館
　１９２３（大正12）年４月
※底本は、物を数える際や地名などに用いる「ヶ」（区点番号5-86）を、大振りにつくっています。
※暗号を解いた結果の表は、入力者が底本をもとに作成しました。
入力：砂場清隆
校正：湖山ルル
２０１６年1月1日作成

エドガー・アラン・ポー Edgar Allan Poe「黄金虫」（佐々木直次郎訳）
http://www.aozora.gr.jp/cards/000094/files/2525_15827.html
底本：「黒猫・黄金虫」新潮文庫、新潮社
　１９５１（昭和26）年８月15日発行
　１９９５（平成７）年10月15日89刷改版
　１９９７（平成９）年11月25日93刷
入力：福田直子
校正：鈴木厚司
２００４年６月10日作成
２０１４年２月24日修正

オイレンベルク Herbert Eulenberg「女の決闘」（森鷗外訳）
http://www.aozora.gr.jp/cards/001193/files/50915_40186.html
底本：「於母影　冬の王　森鴎外全集12」ちくま文庫、筑摩書房
　１９９６（平成８）年３月21日第１刷発行
入力：門田裕志
校正：米田
２０１０年８月10日作成
２０１１年４月23日修正

太宰治「女の決闘」

http://www.aozora.gr.jp/cards/000035/files/304_15063.html
底本：「太宰治全集3」ちくま文庫、筑摩書房
　1988（昭和63）年10月25日第1刷発行
底本の親本：「筑摩全集類聚版太宰治全集」筑摩書房
　1975（昭和50）年6月～1976（昭和51）年6月
入力：柴田卓治
校正：小林繁雄
1999年12月7日公開
2004年3月4日修正

太宰治「葉」

http://www.aozora.gr.jp/cards/000035/files/2288_33104.html
底本：「晩年」新潮文庫、新潮社
　1947（昭和22）年12月10日発行
　1985（昭和60）年10月5日70刷改版
　1998（平成10）年7月20日103刷
初出：「鷭」（季刊同人誌）
　1934（昭和9）年4月
※「日本文学（e-text）全集」作成ファイル
入力：加藤るみ
校正：深水英一郎
1999年10月7日公開
2013年4月6日修正

読むこと・書くことについてより詳しく知るための入門書

本書は読むことや書くことについての入口を目指したものですが、もっと詳しく、いくらか専門的に学んでみたい、という人に向けた入門書をあげておきます。順番は読むこと中心のものから書くこと中心のもの、としています。発行年は最も新しい版のものですが、それでも現在新刊では入手が難しいものもあります。ただ、古書で入手したり、図書館で借りて読むことは可能です。必要な時に必要な本と出会えるというのも重要な能力の一つだと思います。

石原千秋・木股知史・小森陽一・島村輝・高橋修・高橋世織
『読むための理論——文学・思想・批評』 世織書房、一九九一年

本書で用いた「視点」「読者」「引用」のようなキーワードについてより詳しく知ることができる本です。「時間」「語り」「描写」のようなキーワードに分けて解説が行なわれているので、

辞典のように使うこともできますし、通して読んで文学や思想に関する基本的な知識を学ぶことにも使えます。

亀井秀雄［監修］／**蓼沼正美**

『超入門！ 現代文学理論講座』

ちくまプリマー新書、二〇一五年

中学校・高校の国語の授業での小説の読み方に対して、別の読み方の可能性があるのではないか、という問題提起をしている本。芥川龍之介・宮沢賢治といった教科書でおなじみの作家のものを題材に、「ロシア・フォルマリズム」や「読書行為論」や物語の「形態学」といった文学理論を紹介しています。中高生向けのレーベルから出ていますが、大学生やもっと年上の人が読んでもいいでしょう。

松本和也［編］

『テクスト分析入門　小説を分析的に読むための実践ガイド』

ひつじ書房、二〇一六年

前の本と同様に、国語の授業での小説の取り上げ方に対して異議を唱え、どのように小説を読んだらいいかを解説している本です。やはり、森鷗外・芥川龍之介・太宰治といった有名な作家のものを題材にして、「ロシア・フォルマリズム」の他、「語り」「話法」「時間」などと言った観点から小説を読む方法について論じています。それに加えて、それぞれの作家の紹介、最近の研究動向、小説と周辺の情報との関連づけといった情報が豊富なのも読みどころとなっています。

後藤明生
『小説——いかに読み、いかに書くか』
Kindle版、二〇一四年

本書の冒頭でも紹介した、後藤明生が日本近代文学を代表する小説の方法について論じた講義を一冊にまとめた本。二〇世紀前半の日本の純文学小説の歴史の流れを追ったものとして読むこともできます。ぜひ、題材になっている小説自体も読んでもらいたいところです。

いとうせいこう×奥泉光
『小説の聖典《バイブル》』
河出文庫、二〇一二年

〈文芸漫談〉というタイトルで様々な小説を取り上げるトークライブを続けている二人が、最初に出した文学や小説についての考え方の基礎を語った本（この本も最初の単行本は『文芸漫談』

という書名でした)。後藤明生の〈読んで書く〉という主張を最も正統に引き継いだ本と言えるでしょう。

いとうせいこう×奥泉光

『漱石漫談』河出書房新社、二〇一七年

〈文芸漫談〉シリーズのうち、夏目漱石の作品を取り上げた回だけをまとめたものです。〈文芸漫談〉コンビの一人奥泉光は同じ河出書房新社から『夏目漱石、読んじゃえば?』(単行本、二〇一五年、河出文庫、二〇一八年)も出しています。

なお、二人のトークがおもしろいと思った人は、夏目漱石以外の作品を取り上げた回も個別に電子書籍で読めるようになっていますので、ネットで「文芸漫談コレクション」で検索してみてください。

島田雅彦

『小説作法ABC』新潮選書、二〇〇九年

現役の小説家が大学で小説の創作について講義するというのは今では珍しくないですが、二十年余り教え続けている人というのはそう多くはありません。島田雅彦は近畿大学と法政大学で創作の講義を担当してきましたが、この本は後者での講義に基づいて編集されています。古今東西の小説を実例に挙げながら、また自身の体験談を交えつつ、内容・方法について多岐にわたって取り上げています。

大塚英志
『キャラクター小説の作り方』
星海社新書、二〇一三年

評論家・小説家・マンガ原作者として活躍している大塚英志は小説の創作についての本をいくつも出しています。その中でこの本を取り上げるのは、いわゆるライトノベルに代表されるキャラクターを際立たせた小説の方法を論じたものとしては時期が早いものだからです（原著の発行は二〇〇三年に遡ります）。マンガ・アニメ・ゲームと影響し合うキャラクター性の強い小説について歴史的に論じた評論として読むこともできます。

小説について更に学びたい人のためのブックリスト

小説について、更に高度に研究または批評として論じているものを紹介する。書く・読むことよりも、近代の日本文学の個々の小説をどのように読むことができるのか、文学史においてどのように位置づけられるのかを論じた本が中心となる。決して網羅的ではなく、かなり偏っていることは否定しない。海外のものまで紹介すると膨大になるので翻訳を含まず日本で出版されたものに限った。最も新しい版を紹介しているが、やはり絶版になっていたりして現在では新刊で入手困難なものも含まれている。

亀井秀雄『主体と文体の歴史』ひつじ書房、二〇一三年
亀井秀雄『増補　感性の変革』ひつじ書房、二〇一五年
小森陽一『文体としての物語・増補版』青弓社、二〇一二年
小森陽一『構造としての語り・増補版』青弓社、二〇一七年
中村三春『フィクションの機構』ひつじ書房、一九九四年
中村三春『フィクションの機構2』ひつじ書房、二〇一五年
中村三春『〈変異する〉日本現代小説』ひつじ書房、二〇一三年

二十世紀終盤から二十一世紀初頭にかけて、日本における新しい近代日本文学研究を牽引してきた三名の著者たちのものをまとめてあげている。いずれも様々な小説論をまとめた論文集。もう少しいろいろな時代に関心

を広げて難しいものも読んでみたいという人向け。論文なので、研究を専門としていない人には少し難しいかもしれないが、作家自身の発言に依拠したテーマ論ではなく、語りや文体やフィクションとしての構造から小説を論じることを主題としている。小説を研究として論じるということを考えたい人向け。

中村興二／岸文和篇『日本美術を学ぶ人のために』世界思想社、二〇〇一年

直接は小説とは関係ないのだが、日本美術を「コミュニケーション論の枠組み」からとらえるという発想は、小説を考える際にも流用可能で重要な問題提起になると考えて大学での日本文学史の講義でも紹介している。やはり小説を研究として論じることを考えたい人は興味を持って読めるのではないか。

柄谷行人『意味という病』講談社文芸文庫、一九八九年

柄谷行人『漱石論集成』岩波現代文庫、二〇一七年

ここからは評論家の著作を紹介する。とはいえ柄谷行人は現在では評論家としてよりも思想家として注目されているのかもしれない。様々な小説家を論じた仕事を集めた本と、夏目漱石を論じたものを集めた本。人間の内面を予め存在するものとして前提にはしないという発想において『日本近代文学の起源』を先取る論が並び、こちらの方がおすすめ。

蓮實重彦『小説から遠く離れて』日本文芸社、一九八九年

蓮實重彦『夏目漱石論』講談社文芸文庫、二〇一二年

現在では映画評論家やフローベールの専門家としての仕事の方が主流になっている蓮實重彦が一九八〇年代の現代小説や夏目漱石の小説を論じた仕事。いずれもテマティスムの方法により意表を突く読み方が提示されている。文体が苦手という人もぜひチャレンジしてほしい。

絓秀実『小説的強度』福武書店、一九九〇年
絓秀実『日本近代文学の〈誕生〉』太田出版、一九九五年
四方田犬彦『貴種と転生』ちくま学芸文庫、二〇〇一年
四方田犬彦『空想旅行の修辞学』七月堂、一九九六年
渡部直己『読者生成論　汎フロイディスム批評序説』思潮社、一九八九年
渡部直己『言葉と奇蹟　泉鏡花・谷崎潤一郎・中上健次』作品社、二〇一三年

一纏めにしては失礼なのだが、柄谷行人・蓮實重彦以後一九八〇年代以降に台頭した評論家たちの仕事となる。現在では社会批評や映画についての仕事の方が知られている人もいるが、小説を論じた仕事にもおもしろいものが揃っている。日本の小説ではなく「ガリバー旅行記」や「不思議の国のアリス」を論じたものも含まれているが、そんな分類に囚われてはいけないということも教えてくれる。小説を論じることの多様性を学んでもらいたい。

斎藤美奈子『妊娠小説』ちくま文庫、一九九七年
斎藤美奈子『文学的商品学』文春文庫、二〇〇八年

現在は社会・メディアを取り上げる評論家としての仕事が多いが、斎藤美奈子のデビューは日本近代の小説を取り上げた『妊娠小説』。『文学的商品学』も合わせて、読んだ後は妊娠やファッションや料理を簡単に小説に出すことに躊躇《ためら》わざるを得なくなる呪いの書である。

金井美恵子『小説論　読まれなくなった小説のために』朝日文庫、二〇〇八年

元々は一九八〇年代後半に岩波書店から発行されていた「作家の方法」というセミナーをまとめたシリーズの一冊（後藤明生や島田雅彦も同シリーズで本を出している）。「読んだから書く」「読み間違える自由」といった

見出しから、金井美恵子が後藤明生の盟友であったことがよくわかる。

大江健三郎『新しい文学のために』岩波新書、一九八八年

大江健三郎の小説論としては、岩波書店からレーベルを変えて発行され続けている『小説の方法』の方が知られているかもしれないが、こちらの方がよりわかりやすく書かれている。同年に講談社から出版された『最後の小説』に収められた「『明暗』の構造」もおもしろい。本人の書く小説ではお目にかかれないようなロマンチックな『明暗』の続きが想像されている。

東浩紀『ゲーム的リアリズムの誕生』講談社現代新書、二〇〇七年

『動物化するポストモダン』(同、二〇〇一年)の方が注目されているようだが、続編にあたるこちらは、本書が刊行された後、様々なジャンルに頻出するようになるいわゆる〈ループもの〉〈多元世界〉ものについて既に論じてしまっているという点で先駆的である。実は様々な作品に密輸入されているのかもしれない。

さやわか『文学の読み方』星海社新書、二〇一六年

タイトルは不正確で、「文学」(より正確には「純文学」)などと呼ばれてきた小説がどのようにシリアスに価値づけられてきたか、という読まれ方・とらえ方の歪みを論じた本。本書が指摘する「文学的錯覚」は未だになんとなくもっともらしいものとして蔓延《はびこ》っているように思われる。「文学」に窮屈さを感じている人向け。

横田順彌『日本SFこてん古典』(全3巻)集英社文庫、一九八四年

〈日本古典SF〉というジャンルを発明してしまった『SFマガジン』連載をまとめたシリーズ。現在では本書のとらえる古典SFの独自性には修正が必要なようだが、いわゆる「純文学」しか取り上げない文学史からこぼ

れ落ちた作家・作品に注目した貢献は大きい。同じく『SFマガジン』に連載された横田順彌自身の『近代日本奇想小説史』（ピラールプレス、二〇一一年）の他にも、長山靖生『日本SF精神史』（河出書房新社、二〇一八年）など、この仕事を継承するものが出ている。

伊藤秀雄『明治の探偵小説』双葉文庫、二〇〇二年
伊藤秀雄『大正の探偵小説　涙香・春浪から乱歩・英治まで』三一書房、一九九一年
伊藤秀雄『昭和の探偵小説　昭和元年〜昭和二十年』三一書房、一九九三年
伊藤秀雄『近代の探偵小説』三一書房、一九九四年

前の本の探偵小説版とでも言うべき、やはり文学史では扱われることのない小説や、有名な小説家の書いた探偵小説的な小説を取り上げた本。最初の『明治の探偵小説』は一九八七年の日本推理作家協会賞（評論その他部門）を受賞している。翻訳・翻案も含めた日本の探偵小説の大きな流れを押さえるために今でも有効な四部作である。

『少年小説体系』（全27巻、別巻5巻、資料篇1巻）三一書房、一九八六年〜一九九七年

急に全集ものが入ってきてしまったが、少年小説や少女小説史として網羅的なものがないので、一つ前の本で三一書房の名前が出てきた縁もあり、思い切って紹介する。現在の少年向け・少女向けの諸ジャンルの起源（元ネタ）をなすものとして、今でも新鮮に読めると思う。とはいえ、少女小説についてはごく限られたものしか収録されていないのが残念である。なお、別巻5は「少年小説研究」として少年小説論・少女小説論が収録されている。

『日本怪奇小説傑作集』（全3巻）創元推理文庫、二〇〇五年
『文豪怪談傑作選』（全18巻）ちくま文庫、二〇〇六年〜二〇一一年
『明治探偵冒険小説集』（全4巻）ちくま文庫、二〇〇五年

全集ものを出してしまった勢いで、文庫のアンソロジー・シリーズを三つ紹介する。前二者は「純文学」のイメージが強い小説家たちの意外な傾向の小説を収めたもの。有名な作品も含まれているが、いずれも作家に対して先入観を持つのがいかに愚かしいかを教えてくれるし、三つ目は文学史を支えるイデオロギーによって、かつて人気のあった「探偵小説」「冒険小説」が、今は読者から遠ざけられていることを教えてくれる。

［著者紹介］
桒原丈和（くわばら たけかず）
1965年帯広市に生まれる。北海道大学・大学院在学中より近代日本文学の研究を始める。著作に『大江健三郎論』（三一書房）、主要論文に「大江健三郎と原子力、そして天皇制」（『述』5号）、「一九八〇年代の大江健三郎による自身の小説の再利用・再生の方法」（『昭和文学研究』68号）、等がある。現在、近畿大学文芸学部の日本文学専攻創作・評論コースで創作についての講義・実習に携わる。

小説を読むための、そして小説を書くための小説集
――読み方・書き方実習講義

Anthology and Exercise for Reading and Writing Novel
Kuwabara Takekazu

［発 行］ 2019年4月1日　初版1刷
［定 価］ 1900円＋税

［発行者］ 松本功
［ブックデザイン］ 奥定泰之
［印刷・製本所］ 亜細亜印刷株式会社
［発行所］ 株式会社 ひつじ書房
〒112-0011 東京都文京区千石2-1-2 大和ビル2階
Tel.03-5319-4916 Fax.03-5319-4917
郵便振替 00120-8-142852
toiawase@hituzi.co.jp http://www.hituzi.co.jp/

ISBN978-4-89476-945-8